Theodor Lessing

Theodor Lessing

Die verfluchte Kultur

Gedanken über den Gegensatz von Leben und Geist

Mit einem Essay
von Elisabeth Lenk

Matthes & Seitz Verlag
München

redeunt Saturnia regna

14, 8000 München 40. Gesamtherstellung Kösel, Kempten. Printed in Germany.
ISBN 3-88221-325-6.

Vorwort

Die vorliegende Schrift ist die Erweiterung einer Ansprache, die am 18. März 1921 im Verein der Freunde Indischer Weisheit gehalten wurde. Diese Gemeinschaft wurde von Theodor Springmann, dem Übersetzer der Bhagavatgita, begründet, bevor er am 16. April 1917 bei den Kämpfen am Chemin des Dames gefallen ist. Seine hinterlassene Schöpfung, der Bund der Freunde, will, auch nach dem beklagten Tode seines ersten Vorsitzenden, Paul Deußen, die Weistümer des Veda dem Abendlande bewahren, um den Boden zu bereiten für die edelste Frucht kommender Geschlechter: die Versöhnung der unheilvoll auseinandergesprengten beiden Weltpole; der wach bewußten Vernunft im christlichen Abendland mit der dunkeltiefen Lebensnähe des uns heute entfremdeten Ostens. ...

Für den Verfasser trifft diese Veröffentlichung in den Zeitpunkt, wo die lange Unterdrückung von seiten der zünftigen ›Philosophischen Wissenschaft‹ von ihm zu weichen beginnt, seine Bücher von den Urteilsfähigen entdeckt und in fremde Sprachen übersetzt werden und aus der neuen Jugend ein für neue Lebenssaat bereiter Kreis von Gefährten und Freunden ihm zuwuchs. – Für diesen bedarf es nicht des einleitenden Hinweises, daß auch die hier dargebotene Gelegenheitsschrift gespeist wird aus strengem Zusammenhang der langsam herangereiften Weltschau. Da zurzeit fast sämtliche frühere Veröffentlichungen im Buchhandel vergriffen sind, wird die vorliegende Schrift manch einem willkommen sein zu erster Einführung in eine dem Leben selber entborne Gedankenwelt sowie zur Ergänzung und Einleitung in das im gleichen Verlage erschienene Werk: ›Geschichte als Sinngebung des Sinnlosen‹*. Darüber hinaus möchte sie Jünger werben für die Gemeinschaft der Freunde Indischer Weisheit.

Hannover, Sommer 1921

* »Geschichte als Sinngebung des Sinnlosen« erscheint im Frühjahr 1982 im Matthes & Seitz Verlag neu.

I

> Ihr seid nicht mehr was alle Welten bildet,
> Ein Fremdes schob sich zwischen Euch und Ihn.
> Rigveda 10,82

Im Jahre 1750 erließ die hohe Schule zu Dijon ein Preisausschreiben: ›Es solle untersucht werden der Einfluß der Künste und Wissenschaften auf die Entwicklung des Menschengeschlechtes.‹ Und als ob sich's von selber verstünde, so erwartete man das übliche Loblied auf des Abendlandes Fortschritt, Geistesbildung und Kultur. – Unter den Antworten aber befand sich auch die Schrift eines Unbekannten, welcher behauptete: ›Geist ist eingedrungen in die Natur, wie das Messer dringt in eines Baumes Mark. Nunmehr freilich kann die toddrohende Schneide nicht aus dem Stamme herausgezogen werden, denn der Baum würde dabei verbluten. Aber niemand darf behaupten, daß ein Schwert im Herzen der Weltesche das Merkmal sei für ihre Gesundheit.‹

Dieses wunderliche Bekenntnis bekam den Preis. Der es ablegte, hieß Jean Jacques Rousseau und hatte bis dahin als Gärtner, Diener und Schreiber ein mühseliges und notiges Leben gelebt. Aus seinem Ruhme erblühte das Zeitalter der Kulturflucht. Dichter und Träumer, von Chateaubriand bis Lenau, flohen aus des Abendlandes machtwachsenden Städten in Virginias noch jugendfrische Wälder, in Afrikas traumschwere Savannen, in die himmelnahen Gebirge Asiens oder zu den weltverlorenen Inseln der Südsee. Sie entliefen den ihnen widerwärtigen Masken, Spiegeln und Käfigen der Kultur.

Was aber ist das: Kultur?

Sprechen wir von Kulturpflanze und Kulturtier, Kultur des Ackers oder des Leibes, immer meinen wir: bewußte Pflege und Bindung; immer: gewolltes Bändigen eines Naturtriebs; immer: die Übermächtigung des Lebens durch den Geist.

– Die endlos unerdenkliche Flut des Lebens soll sinnfällig berechenbar *gemacht* werden, wie die Musik ein nur fühlbares Klanggewoge auffängt und formend bindet in die geistige Freude zahlenmäßiger Harmonie. Aus sinnlosem Lebenselement entschöpft der Geist: die Wirklichkeitswelt *seines* Sinnes.[1] Vermittelst der ihm eigenen Greifarme, Schöpfkellen und Fangnetze: Name und Form![2]

So wäre denn also die ›Welt des Bewußtseins‹[3] menschliche *Tat?* Ja gewiß! Dennoch wäre es ein Vorurteil, dieses klärende Ausbegleichen des Lebens von vornherein zu denken als zweckbesessene *Gewalt*tat von seiten menschlichen Urteilsvermögens. – Der Verstand ist nicht nur der Versteller; Vernunft nicht nur der feindliche Widerdämon, welcher eindringt in das ›Leben‹ damit es zu ›Welt‹ vergletschere und verglase, vereise und vergreise. Vielmehr ist *beinahe* gewiß, daß die formend bindende Gewalt auch des vorbewußten Elements, jene Bildkraft, welche Weltstoff gestaltet zu *bestimmter* Pflanzenform und Tiergestalt, jener unbewußte Willenstrieb, welcher überall obwaltet dank begrenzender Bindung eines Grenzenlosen ..., daß diese vorbewußt schöpferische Lebenstriebkraft[4] mindestens angehört der selben Natur[5], wie das bewußt formende und willkürliche Bildungsvermögen der Menschen. – Auch Überzeugungen sind schließlich grenzende Zeugung ... – Vollkommen sicher aber ist Eines:

Jene überall nur wie schlummernd eingesenkte Gewalt schöpferischer Schönheit ist nur an einer Stelle wach geworden, somit aber herausgetreten aus vorbewußtem Element, wie Licht hervortritt aus der Nacht. Aus dunklem Mutterschoße des Lebens brach zeugende Urgewalt hervor als das ›Licht bewußten Wissens‹. Und in diesem Lichte wandelten

1 mânas, tätige Seelenvernunft.
2 nâmarupa, nomina et numina, Name und Form.
3 âkâsha, Raumzeitlichkeit.
4 prajâpati, Lebenstriebkraft.
5 avyaktam; natura naturans, ungenaturte Natur.

sich die Naturdämonen in Schatten; die Elementarseelen zu – Geist. Als geistige Schatten huschen wir nun über die spiegelglatte Eisfläche der ›Zeit‹, – Gespenster irgendeines Ehemals oder Eigentlich...

Warum aber, warum nur schleppen wir diese uns klärende Bewußtseinswirklichkeit wie eine Schuld? Warum durchzuckt den Wissenden die Ahnung von verlorenen Paradiesen?

Jeder Leib unsrer Erde gelangt zum Empfinden (das heißt zum spiegelnden Sichinnefinden[6] nur dann, wenn ihm eine Wunde zugefügt wird oder wenn er in seinem natürlichen Ablauf gehemmt und gestaut ist. So ist auch jede *Abschnürung oder Vereinzelung* wie eine Krankheit in vorbewußt lebendigem All-und-Eines.[7]

Geist aber, Logik und Ethik ist nicht das ursprüngliche, sondern Selbinnegewordenes, also abgeschnürtes Leben. Mithin gleicht die Ethik einer Sünde, die Logik einem Irrtum.

Darum nennen schon älteste Upanischads die Welt der Tageswirklichkeit den Krebs am Marke des Lebens. Darum nennt der Buddha das wache Denken den Schlächter des Lebens. Darum Açvagosha das Gegenständliche und Menschliche im Raum und in der Zeit: Indras Wunde.

Somit also wäre die *Tat* des Bewußtseins unser Abweg?[8] Ja gewiß! Aber unser ›Abweg‹ war unvermeidlich. Unvermeidlich das gewaltsame Heraussteigen einer wachbewußten Insel aus der allumfangend, träumetiefen Lebenssee.

Die Lufthülle des Erdsterns erkaltet. Seine Innenfeuer sinken ab. Sävitar selbst, die Sonne, muß irgendwann einmal versiechen.

Die Arier, aus der tropischen Heimat in nördliche Breiten verstoßen, âbgeblaßt, blond und weißhäutig geworden, auf Dach und Fach angewiesen und von der zeugenden Mutter abgenabelt, mußten die schwindende Lebensflamme ersetzen

6 anubhava, Empfindung.

7 jiva, ahankâra, anattâ: Nur-Ich, Ich-betrug; asmitâ: Ichbinheit.

8 mâya, Trug=akâshâ.

durch das wache Wissen; unmittelbaren Lebensrausch durch den Rauschersatz geistiger Erdichtung; vorbewußtes Element durch das Richte gebende Reich der Idee. – Und wie der Mensch im Norden nicht leben kann von der Sonne, sondern der wärmeersetzenden Kohle bedarf, so ergänzt und stützt sich verdämmerndes Leben tröstlich durch die hilfreichen Brücken des Begriffs. Denn es gilt vorsorgen und vordenken. Gilt die Wende einer steten Not, welche heißt: Notwendigkeit.[9]

Aus dieser Notwendigkeit heraus mußte das Lebendige gleichsam zu Geist *ersterben.* Und das im Spiegel des Geistes gebrochene Leben steht nun da, bewußtgeworden und in Tageshelle, als die gradlinige ›Entwicklungslinie der Zeit‹; das heißt: als ein ›lineares Kontinuum‹ vermeintlicher Ursachketten, welches wir kühn genug nennen: die ›Weltgeschichte‹. Sie ist jung. Ihre ungeheure Zurechtefügung, Zurechtelügung greift zurück auf zwei Jahrtausende europäischer Zeitrechnung.

*

In Asien begann das Traum- und Trauerspiel als der Buddha,[10] aufgeweckt durch den Notschrei der vom Leben abgedrängten und mithin am Leben leidenden Kreatur, verheerend einbrach in den naturumschlungenen Lebensglauben des ewigen Ursein.[11]

Gräßliche Vorzeitkämpfe um Nahrung hatten im Ohnmächtigen das rettende Denken gereift. Die (vom einzelnen aus) ganz unfaßliche Grausamkeit des Lebens, seine grauenhafte Vergänglichkeit, sein sinnloses Dahinbluten, seine ungreifbare Wandelbarkeit[12], darin nie ein Gleiches wieder-

9 karma, Schicksalstrieb.
10 Buddha, wörtlich: der Erwachte.
11 brâhma, Ur-sein.
12 annicca, Vergänglichkeit; asubhâ, die Ekelnatur des Lebens.

kehrt, im Schwachen schufen sie: die Sehnsucht nach Dauer und Bündigkeit, nach Treue und Bindung.

Dem Ewig-Unsteten entblühte das Ewig-Stete! Aber wozu? Zu welchem Ende? Zum Ende der Vollendung, d. h. der Wiederaufhebung aller das Leben unterheizenden Not und damit des Lebens selber.[13]...

Alles Wissen also galt somit dem Buddha als Anzeichen für die Unbefriedigung alles Lebens.[14] Dennoch anbefahl er: gerade die ›Krankheit des Erkennens‹ zu bejahen, als des Lebens natürlichen Weg zur Genesung; gleichwie ein Fieber einmal zwar ist Ansage dafür, daß ein Fremdkörper ins Blut eindrang; sodann aber auch der Weg, welchen die Natur selber beschreitet, damit sie den Fremdkörper ausstoße und angleiche. Dies ist die Lehre der ›Wahrheit aus Leid‹; der Erde tiefste Lehre.[15] Mit ihr geriet das Leben auf die Bahn der Bejahung des Geistes und aller ihn stauenden Nöte. Auf den Weg also zur Verneinung seiner selbst. ... Schiwa der Tänzer wurde Schiwa der Asket. ...

Im Abendlande, genau um dieselbe Frist, vollzog sich die lebenbedrohende Wende durch Sokrates. – Dieser erste aus Leidenstiefen der Verknechtung aufgestiegene Titan hauchte und ballte seine Wort- und Begriffswolken wider die bildfrohe Götterwelt des homerischen Olymp; führte die Sache der in Stadt und Markt gekäfigten Menschheit gegen Satyr und Sylphe und begründete jene lebenübermächtigenden Wissenschaften vom Sollen, die wir heute Logik nennen und Ethik.[16]

Damit erblühte die abendländische Wissenschaft, der Sklavenaufstand des Geistes. Alles Sichtbare wurde unglaubwürdig. Etwas bloß Gedachtes trat an seine Stelle. Dem Elemente entstieg die gewußte Wirklichkeit rechnerischen

13 nirvânâ, Wiedereinverbringung (apokatastasis); advaita (sukhâvati), das Glücksland; das Paradies.

14 bhava-tanhâ, Werdedurst, Lebenswille.

15 dukha-sâtya, Leidenswissen.

16 Lessing, Europa u. Asien, S. 89f.

Übermächtigungswillens. Vergebens sprach der letzte königliche Mensch, der dunkle Heraklit, wider Atomistik und Mechanik warnend, sein als Einfalt verlachtes Wort: ›Die Sonne ist zwei Fuß breit.‹[17]

*

Sokrates und Buddha! – das waren die Vorstufen zum Christentum. Was aber wollte Christus?

Die Welt erlösen. Vermittels des Menschen.

Das späteste Geschöpf eines kleinen unter unzählbaren Sonnen mitkreisenden Wandelsterns wurde nun ›Mittelpunkt des Kosmos‹. Gott wurde Mensch und der Mensch der Gott in Entwicklung. –

Es wäre so vermessen als nutzlos, diese zu Geisteswürde uns berufende Sendung zweier Jahrtausende zu verkleinern. Wir könnten das nicht; auch wenn wir wollten. Denn wir wurden durch sie was wir wurden. Keine Pflanze aber kann den Boden verleugnen, daraus sie wächst. Wir sind herausgetreten aus der Natur in das Reich der Furcht und des Hoffens. Wir erhoben die Verheißung Christi über die Geheimnisse der Wala.

Moses, Zoroaster, Mohamet, Konfutse, Buddha, Christus ... diese Menschheitsgrößten bauten hoch und höher am geistigen Reich; weit ab vom ursprünglichen Wesen des Urseins. Denn bei ihnen allen handelt es sich um ein *Ziel.* Um das werteschaffende, aburteilende, auswertende Vernunftziel der dahinsterbenden zahllosen Milliarden; alle verbunden und Eines geworden in Gott oder Geist.[18] ...

Von der tiefen Hoheit des Urchristentums, vor Paulus, zeugen noch heute einige weit verstreute Gruppen. Vor allem

17 Lucrez: ›Größer ist nicht der Sonne flammendes Rund als deinem *Sinn* es erscheint.‹

18 logos; anthropos pneumatikos (1. Kor. 15,47) der Geist im Menschen. – kosmos noetós; topos átopos (Plato); die zeitlose Welt der Idee.

die beiden ältesten Adelsgemeinden der Erde, die Parsen im Morgenland und im Abendland das chassidische Judentum des Ostens. Den erreichten Gipfel aber kündet das bernhardinische und franziskanische Christentum: Ritter und Heilige, voll erfüllt von der herben Größe, holden Süße, Demut und Freiheit katholischen Menschheitsglaubens.

Selbst die beiden letzten schon lebensfern und blütenleeren Zweige des großen westlichen Mythos: das zu reiner Pflichten- oder Sittenlehre schollenlos und zwischenvölkisch gewordene Judentum und der auf freie Persönlichkeit, Eigengewissen und Einzelseele gestellte trotzige Glaube Calvins und Luthers bewahrten als Würde geistiger Erwekkung ein aus letzter Tiefe der Selbstbesinnung brechendes Erlebnis der *grenzenlosen Verschuldung*. Aus ihm heraus fragt der Priester im alten Bunde am Allversöhnungstage: Wer trägt die Schuld? Worauf die ganze Gemeinde antwortet: Wir! Wir alle![19]

Aus ihm heraus bebt in der Seele jedes evangelischen Christen das Bekenntnis: ›Habe nicht Ich der Erde Unheil gewollt? Jeder ist schuldig an Jedem; aber ich bin der schuldigste unter allen.‹[20]

Allen den verschiedenen Zweigen des großen judäo-christlichen Mythos ist eines gemeinsam: die Verklärung und Auferhöhung des Menschengottes. In langen Diensten an der ›Auferbauung des Leibes Christi‹ wurde allgemach die Erde zur menschlichen Persönlichkeit.

Wir dürfen nicht daran mäkeln. Die Heilkraft dieses Schicksals hat sich an uns bewährt. – Wir bezweifeln nicht die unverbrüchliche Sicherheit reiner Vernunft[21]; kennen die Unabhängigkeit der Wahrheit von der Wirklichkeit; wissen, daß es Los wie Würde der Menschen ist, die Wahrheit am Lebenselement zu wandeln in Wirklichkeit ... dennoch! ...,

19 widduj; Sammelbekenntnis; Gesamtschuld.
20 Dostojewski.
21 Lessing: Studien zur Wertaxiomatik 2. Aufl., Leipzig, Felix Meiner 1914.

so hoch wir jene Menschheitsgrößten auch stellen: Moses und Zoroaster, Buddha und Christus, Mohamet und Konfutse, ... unverkennbar und nie abzuleugnen ist eines: daß sie alldurchflutendes Lebensgefühl verengt haben auf die Fortschrittsbahn planetarischer Menschheit; daß ein bestimmter Stern im All, ein bestimmtes Geschöpf dieses Sterns, ein bestimmtes Wunsch- und Leitbild eben dieses Geschöpfes kriegansagend sich aufwarf wider das Schicksal.

Damit endete das Reich Saturns. Damit erlosch die Macht außerirdischer Dämonen. Damit verstarb der große Pan.

Damit zerschnitt der hoffärtige ›Geist‹ die feinen Fäden, welche ihn einverwoben in nun verlorene Seelengründe der Natur. Nun kniet er nicht mehr schauernd vor Sternen und Stürmen, Palme und Panther, Lingam und Lotos; betet nicht zu des Elementes zeitlos immergegenwärtiger Zeugungsfülle; sondern ›der Geist‹, dieser *eine* graue, gestaltlose, ›unendliche‹ Geist, – (›Namen nennen Dich nicht‹ ... und: ›Du sollst Dir kein Bildnis noch irgendein Gleichnis machen‹), – der Geist allein soll herrschen; will herrschen ... Herakles hat Antaios, den Sohn der Erde, besiegt, indem er ihn, der kraftlos wird, sobald er die Berührung mit der Erde verliert, hinaufhob in die reine klare Luft. – Mit großartiger Einfalt sagt es der tiefste aller christlichen Mystiker: ›Alles Metalles Natur meint Gold; alles Kornes Natur meint Weizen; alles Lebens Natur meint – Mensch.[22]

Heute nach zweitausend Jahren freilich sieht es aus, als ob die Wissenschaften des Abendlandes, als ob Darwins Entwicklungslehre oder Hegels Überzeugung von einem ›geschichtlichen Fortschritt‹, als ob Ostwalds Monismus oder Lorentzsche Relativitätsphysik gegen den christlichen Mythos sich kehren.

Lasse niemand sich täuschen. Dieses grade sind die späten Früchte am Baume der christlichen Zeitalter. Ja, sogar

22 Meister Eckhart.

Voltaires ›Nieder mit dem Christentum‹ ist zuletzt Geist vom Geiste der Genesis; ein dritter und schwächster Aufguß jener gleich der Erde erkalteten Geistigkeit, welche nichts gelten läßt als den geistigen Gott oder (was dasselbe ist) das menschliche Ich ...

Was die Wissenschaft einer Volkheit erreichen kann, das muß vorgebildet liegen in dem Glaubensanbilde dieser Volkheit. Denn Wissenschaft und Wirklichkeit ist nichts anderes als Verwirklichung einer vorgedachten Sphäre am Lebenselement durch den Menschen. Unsere Gewerbe und Werktümer, Größen- und Zahlenlehre, Sittlichkeit und Entwicklung, alles das ist gerade Folge des christlichen Mythos und wäre nicht ohne das Hoch- und Anbild des zeit- und raumüberwindenden Menschensohnes. Darum ist es kein Zufall, daß was wir heute ›die Kultur‹ nennen, nur die christlichen Völker des Abendlandes erreicht haben. Und kein Volk wird jemals diese Kultur erreichen auf Grund eines anderen Glaubens als des christlichen. Ja, die wesentlichen Entdeckungen des Kusanus, Descartes, Pascal, Leibniz und Newton entspringen geradewegs aus christlicher Gotteslehre. Die Kultur des Abendlandes hat den Leib Christi auferbaut. Die Kultur des Abendlandes ist dieser Leib, welchen zwei Jahrtausende verwirklicht haben. Sie haben Natur erlöst zu Gott.[23]

23 1 Kor. 12.12.

II

›Das ängstliche Harren der Kreatur wartet auf die Offenbarung der Kinder Gottes.‹
Römer 8,19

Und sie haben gründlich erlöst!

Binnen zweier Jahrtausende ist der Wald und das Meer und die ganze blütenvolle Erdenschöne zum Schemel des Menschen geworden.

Der sogenannte kaukasische Mensch steht seit 400 Jahren im Begriffe, die Erde zu unterwerfen. Und seit 100 Jahren hat sich auch die Anzahl dieser abendländischen Menschen mehr als verdoppelt. Denn während um 1800 nur ungefähr ein Sechstel der Menschheit europäisch-amerikanischen Ursprungs war, ist es gegenwärtig mehr als ein Drittel. Dabei vermehrte sich seit 100 Jahren die Zahl der Erdenmenschen unsinnig von 900 auf 1600 Millionen, und dürfte in den nächsten 100 Jahren noch unvergleichlich schneller anwachsen. Die Zeit ist nahe, wo die letzten Naturvölker: Afrikas edle Negerstämme, Beduinen, Polynesier, Indianer, Feuerländer, Papuas, Eskimos, Grönländer allesamt vor der Zivilisation dahinschmelzen. Die Welt ihrer Götter, Holden und Alben, ihre Zauberei und Magie gilt uns für Aberglaube. Wir blicken auf die kindliche Handschrift ihrer Lebensformen und spüren nicht den Herzschlag, der in ihnen schlug. Nur als unwissende Vorstufe unserer eigenen zweifellosen Welterklärung findet der heidnische Mythos und seine phantastischen Götter noch eine gewisse gutmütige Anerkennung.[1]

Eine grausam unerbittliche Maschine walzte Kultur dahin über Sage und Traum, Musik, nackte Schönheit, Sonnen- und Sternenglauben, Baumkult, Feldkult, fromme Einfalt, Sinn-

1 Auguste Comte.

bild, Sitte, Brauch, Sang und Lied. Längst hinweggewischt und geschwunden ist die gesamte Tierwelt Europas, deren Abbilder wir noch finden in den Höhlen von Perigord und Dordogne in Südfrankreich oder, eingeritzt und in Oker ausgemalt, in den Felsen der Pyrenäen: die gewaltigste Tierwelt der Erde. – Was ist in Deutschland binnen 100 Jahren vom Erdboden weggeknallt? Auerochs, Tarpan, Wisent, Bär, Lux, Wolf, Elch, Wildkatze, Biber, Otter, Marder, Nerz. – Demnächst auch: Eber, Wiesel, Dachs und Fuchs. Von mehreren tausend Vogelarten blieben wenige hundert übrig. Schopfibis, Alk, Kormoran, Edelreiher, Steinadler, Uhu, Schwan, Schwarzstorch, Kolkrabe, Falke, Kranich, Lumme; alle dieses volle Gestaltenleben ist bei uns Märchen geworden und Sage. – Zu diesem Frevel am Tier, welch unerhörter Frevel an Aue und Wald! Die Einöden Syriens, Griechenlands, der jonischen Inseln, einst der Erde reichste Gärten; die Abhänge der Provence, heute Felsen- und Murentäler, aber einst geheimnisrauschender Wald; Kleinasiens steinigte Kalkwüste, einst voller Blumen ein Gartenland; der leichenhafte, todtraurige Karst, ausgemergelt von der Habgier venetianischer Krämer, deren stolze Stadt, verschlammt und versumpft aus dem Meere ragt wie ein nächtiges Gespenst abendländischer Geschichte; bald auch unser morgendliches Deutschland, in Haide, Stoppel und Steppe verwandelt, ... alle diese geschändeten Erdstriche zeigen, wie die Natur am wälderverwüstenden Menschen sich rächt, der die blühende Lebenswelt vermarktet, verkrämert, verhandelt.

Aber wir ein schwarzer Samen
Lügner, die zu Worten kamen
Tatlos Tauscher, Tuer, Täter,
Weltzernenner, Waldverräter
Morden Gott und uns mit Namen, Namen.[2]

2 Franz Werfel, Gerichtstag.

Und so ward grau die Welt! Bald wird sie aussehn wie ein einziges Europa: ein wohlbestelltes Schachbrett der Kultur; Äcker, Wiese, Felder, Wald, bewirtschaftet von Bildungsmenschen und dem, was ihnen nützlich ist, wie Pferd, Kuh, Schaf und Edelschwein. Und wie alle diese Kultur begann mit einer zweckmäßigen Erwerbskunde des Tötens zu Jagd- und Beutezwecken, weit über unmittelbaren Bedarf der Jagenden hinaus, so wird sie schließlich enden in ungeheuren Speichern des Todes, angefüllt mit des großen menschlichen Zweckmarktes Millionen ›Werten‹.

Hören wir einige Zahlen.

›Im antarktischen Meere wurden die großen Seelefanten, harmlose und zutrauliche Tiere, in den letzten Jahren völlig vernichtet. An der patagonischen Küste erschlägt man jedes Jahr etwa 40000. Ein Bulle liefert etwa 800 Kilogramm Speck. Man treibt die gutmütigen Tiere mit Peitschen, die man aus ihrer Haut schneidet, an Land, wo sie nur schwerfällig sich bewegen und man sie leicht erschlagen kann.‹

›Die Kopenhagener Aktiengesellschaft zur Betreibung von Walfischfang nach wirtschaftlicher Methode abmetzgerte im letzten Jahre dreihunderttausend Walfische, die auf schwimmenden Fabriken aufgesucht, harpuniert und zerwirkt werden, denn damit die Jagd sich lohne muß ein Fangschiff etwa 100 Wale erlegen, deren Teile dann abgeliefert werden in die europäischen Häfen, wobei man etwa 400 Prozent Reingewinn hatte.‹

›Man erschlägt in jedem Jahr 10 Millionen Robben. ...‹ Nein! ... Man erschlägt sie nicht. Das wäre nicht wirtschaftlich. Man zieht den Lebenden das Fell vom Leibe und läßt sie liegen. Sie sterben von selbst. – ›Damit die Damen in Europa und Amerika Vogelfedern auf den Hüten tragen, rupft man für die Mode in jedem Jahre 300 Millionen Sing- und Seevögel; Möwen, Schwalben, Edelreiher, Kolibri ...‹ ›Da die Federn nur beim lebenden Tiere den Glanz bewahren, rupft man Schwanz- und Flaumfedern den Lebenden vom Leibe; sie sterben unter gräßlicher Qual; jedes Jahr 300 Millionen.‹

›Damit wir Taschenkämme, Stockknöpfe, Zahnstocher, Billardkugeln und ähnlich nützliche Gebrauchsgegenstände kaufen, werden jährlich 800000 Kilogramm Elfenbein verarbeitet; das heißt, man metzgert nieder 50000 der mächtigsten Geschöpfe der Erde.‹

›Es naht die Zeit, wo der asiatische Elefant verbraucht sein wird gleich den großen Schildkröten und Pelztieren, gleich Wildpferd, Nashorn, Antilope, Gnu; gleich Raubvögeln und den Büffelherden Amerikas, von denen Millionen ausgerottet sind und noch einige hundert künstlich gehalten werden im Park von Yellowstone.‹

›In unsrer Jugend hörten wir in den Feldern die Wachteln. Wie selten werden sie. Allein in Ägypten tötet man jedes Jahr 3 Millionen.‹[3]

Es gab einmal einen deutschen Wald. Da grohnte die Schnepfe. Da sang der Urhan. Da schlugen Sprosser und Fink. Im Himmelsblau schwebte der Adler. Der Falk rief. Die Taube gurrte. Wodan gab Raum Habicht und Taube, Eule und Rabe. Nicht der christliche Mensch. Der will allein sein. Hunderttausende Tier- und Pflanzenarten könnten wir nennen, die dahingeschwunden sind. Auf immer.

›Furcht und Schrecken vor Euch soll kommen über alle Tiere auf Erden und über alle Vögel unter dem Himmel; über alles was sich auf Erden regt und über alle Fische des Meeres. In Eure Gewalt sind sie gegeben.‹ So redet Jehova zu Noah und Noahs Samen, als er den Bund schließt mit dem Menschen.

Milliarden erdgebundener dumpfer wort- und wehrloser Wesen sind dahingemordet. Denn wo immer der Mensch nackend der Natur gegenübersteht, da unterliegt er kläglich. Als der Erde anfälligstes Geschöpf muß er die Erde morden, um sie ertragen zu können. Der Scholle hilflosestes Wesen

3 Der Tier- und Menschenfreund, Allgem. Zeitschrift für Tierschutz, Jahrgang 36 (1916) Nr. 7–10, Jahrgang 37 Nr. 1 u. 2. – Ludwig Klages in der Festschrift der freideutschen Jugend zur Jahrhundertfeier auf dem Hohen Meißner 1913.

wurde grade vermöge dieser Hilflosigkeit zum Erfinder einer ungeheuren Maschinerie. Und vermöge dieses Macht- und Rüstwerkes (die Hand eines Kindes kann es meistern), erkühnte sich der Mensch zum Gewaltherrn über alles große und starke Leben. ...

Millionen dunkler Hindu, seit Jahrhunderten haben sie kein Tier getötet, keines gegessen, werden heute spielend unterwürfig gehalten von einer handvoll europäischer Bildungsmenschen: einigen rassigen englischen Kapitänen, Ingenieuren und Unternehmern. Diese haben ja Lyddit, Dynamit, Ekrasit. Sie sind Götter der Erde. Indessen spricht der arglose Pariah vor jedem lebenden Geschöpfe das dunkle: ›Ich bin Du‹[4]; betet der Buddhaist täglich das Mettasutta im Suttanipâtâ, das schönste Gebet der Erde: ›Mögen alle Wesen heute schmerzfrei sein.‹

Angesichts dieser unermeßlichen Leichenfelder der Bildung, was kümmert uns jenes winzige Schlußstück, welches wir jüngst vor Augen hatten, unser sogenannter Weltkrieg!

In runden Zahlen ausgedrückt kostete er von 1914 bis 1918 ungefähr zehn Millionen Menschen das Leben. An Geld kostete jede Sekunde seiner Dauer etwa 6000 deutsche Silbermark. Jede Minute eine halbe Million. Jede Stunde dreißig Millionen. Mit jedem Tage seiner Dauer gingen Werte von 700 Millionen Mark für die Erde verloren. Mit der Hälfte dieser im wörtlichen Sinn verpulverten Kraft hätte man die Wüste Sahara in einen blühenden Garten verwandeln, den Atlantischen Ozean untertunneln können, hätte aufkaufen und urbar machen können halb Patagonien, Chile und Brasilien, hätte jedem deutschen Jungen ein kleines Fürstentum sichern können. Alle diese Milliarden Goldes brachte man spielend zusammen, als es galt, die Jahrhunderte geweihten Münster der Gotik, die unwiederbringlichen Schlösser des Barock in Trümmer zu schießen; als man aber

4 tat tvam asi, ›Das bist du‹. brâhmò smi, ›Ich bin All‹.

jüngst bemüht war, für Deutschland das verfallende Haus zu erretten, darin Goethe geboren ward und aufwuchs, da erbettelte man mit Mühe die wenigen hundert Mark vergeblich.

Sicher aber hat jener englische Staatsmann recht, welcher jüngst sprach, das echt europäische Wort: Der Weltkrieg war ein Geschäft, das sich nicht bezahlt machte.

Für einige Kreise immerhin hat auch dieses Kulturgeschäft sich bezahlt gemacht. Zum Beispiel für jene amerikanische Aktiengesellschaft, die während des Krieges auf den Kerguelen eine Betriebsstelle errichtete zur Jagd auf Seelefanten. Es wurden die letzten hunderttausend der armen Tiere erschlagen. Man gewann so viel Tran, daß man alle Märkte der Erde hätte versorgen können. Da kam zum Glück die große Hungersnot. Um ein möglichst gutes Geschäft zu machen, schüttete man kurz entschlossen neun Zehntel der Vorräte ins Meer. Den Rest brachte man auf den Markt. Dank der Volksnot mit tausendzinslichem Nutzen. –

Überall speichert die Kultur weit mehr auf als der Mensch vertragen kann. Die Ernährungswissenschaft sagt, daß von den unausgenutzten Eiweißkörpern und Kohlenwasserstoffen, welche in einem einzigen Londoner oder Pariser Schlemmergasthof unnötig durch überernährte Leiber gejagt werden, Hunderte zu leben vermöchten, die vor den Fenstern der Verschwenderwirtschaft sterbend und verderbend im Froste stehn.

Was ist der Panther gegen dieses Raubtier: ›Geist‹? –

Es geschah jüngst, daß die unfähigen Staatsleiter Deutschlands ein altes verschüttetes Kohlenbergwerk, wie man in der Geschäftssprache sagt, ›sanieren‹ wollten. Darum boten sie es aus, und ein Großherr der Gewerbe fand sich bereit, es wieder in Betrieb zu setzen, machte aber die Bedingung, daß trotz der verfügten Kohlensperre die Hälfte der aus jenem Bergwerk gewinnbaren Kohle ihm zu freier Verfügung verbleiben dürfe. Man ging darauf ein. Und der hochfliegende Berechner fragte sich nun: Wie kann ich mit dem mir plötzlich verfügbar gewordenen Machtmittel jetzt am zweckmäßigsten wuchern?

Zunächst erwirbt er das schwer darniederliegende Holzfasergewerbe Westpreußens und beschließt, Papier zu machen. Die Wälder einer Landschaft werden abgeschlagen; Holzpapier hergestellt. Darauf kauft der Meisterrechner so viele Tageszeitungen, als er vermag. Und nun beginnt sein Geschäft.

Die gesamten Papierhersteller sind abhängig von seiner Belieferung mit Kohle. Die Zeitungen wieder sind abhängig von der Belieferung mit Papier. Aber die Zeitungen gehören ihm. Das Papier gehört ihm. Die Kohle auch. Wollen andere Zeitungen als die seinen weiter erscheinen, so müssen sie dazu von ihm das Papier erwerben; natürlich zu Riesenpreisen. Wenn also irgendein Gegner auf Druckpapier ihn bekämpft, so verdient er daran; denn grade die Mitbewerber schaffen ihm den Reichtum; je mehr es werden, um so besser. Indessen erfrieren deutsche Mütter, deutsche Kinder. Die Kohle mangelt im Vaterland. Die Forste Westpreußens sind auf Menschenalter geschädigt. Der Wald ward Zeitungsgebälge. Aber wer die Zeitungen besitzt, der besitzt die öffentliche Meinung.

Welch ein ›Geschäft‹ ist dies? Ist in dem sogenannten freien Volksstaate Deutschland solches Gründer- und Schiebertum geächtet mit der Schmach der Jahrhunderte? – Unsinn! Gefühlsduselei! Wer so rechnet, wird Berater deutscher Volkswirtschaft. Und mit Recht. Von dieser Art sind alle: Europas und Amerikas ›große Männer‹. Männer, die ›in das Leben hineinpassen‹. Die auf dem gesunden Boden der gesunden Wirklichkeit stehn. Praktische Männer. Realpolitiker. In ihren Mußestunden fühlen sie kosmisch. Und empfehlen Franz von Assisi. ...

Wo aber auf der Erde gibt es Mord- und Raubwesen, so

unsagbar grausam wie die Menschenvernunft und ihr ›Geist‹?

›Wilde Tiere gibt es nicht‹, – schreibt einer der größten Jäger, – ›aber manche Tiere werden wild, wenn sie gejagt werden. Ich kenne Fälle, wo ein kleiner Hirtenjunge einen Tiger auf die friedlichste Weise aus dem Gehöft herausgedrängt hat; und ich selbst bin Panthern begegnet, die um das Herannahen des Menschen sich überhaupt nicht kümmerten, sondern ruhig liegen blieben, während ich vorüberging. Ich habe auch die Jungen von vielen wilden Tieren erbeutet, von Tigern, Panthern, Löwen, Bären, Wildschweinen, Bisons und den verschiedensten Antilopenarten; sie sind so zutraulich wie das Vieh in unsern Ställen; aber in manchen Gegenden, wo sie verfolgt wurden, sind sie zu wütenden und scheuen Tieren geworden. Wo der Pfau als heiliges Tier gilt, wie in Raputana, ist er so furchtlos wie die Hühner bei uns auf dem Hofe und läßt sich mit den Händen greifen, aber in den Gegenden, wo er verfolgt wird, ist kein anderer Vogel so schwer aufzuspüren. … Es gibt Schlangenbändiger, welche mit den gefährlichsten Riesenschlangen zusammenhausen und mit ihnen scherzen, ohne je ihren Giftzahn fürchten zu müssen. Man fürchtet in manchen Gegenden den wilden Tiger weniger als man bei uns einen Marder oder rauschigen Eber fürchten muß.‹ …

Die Natur wurde unser Feind überall dort, wo wir nicht mehr ihr zugehören, sondern sie, als ›geistige Wesen‹, zu unserm Sachwert und Gegenstand gemacht haben, indem wir selber, aus dem Element fordernd herausgetreten, alles Leben als Geschehnis in der Zeit und mithin als eine tote Maschine betrachten. ›Warum doch fürchtest Du Dich?‹ fragt Swami Vivekananda, ›da Du selber das *bist*, was dich fürchten macht.‹ –

Zu einem Brahmanen kam ein Jünger und klagte: ›Wie ungerecht und grausam ist diese Erde; meinen Bruder, das reine Herz, hat die Kobra gebissen.‹ Aber der Weise erwidert: ›So hat er wohl doch nicht die ganze Schlangenwelt mit ganzer Liebe umfaßt.‹ –

Wie immer auch die Ideale des christlichen Kulturkreises lauten, – Vergottung, Emporgottung des Menschengeschlechts, Vergeistigung der Erde, Vermenschlichung der Natur, Erlösung des Elements, vollendete Logik, vollendete Ethik, – ihr Erfolg war stets: Verfestigung des Elementarischflutenden[5] zu starrer Bewußtseinswirklichkeit in Raum und Zeit, das heißt: zu einer menschlichen Wert-, Zweck- und Willenswelt. ... Dafür sind Ehrfürchte und Urschauer geopfert, bacchische Räusche, Überschwänge der Vorwelt. Die langsam erkaltende und vergeistigte Erde gehört den nüchtern rechnenden Handels- und Säbelimperien. Jenen Raubstaatereien, welche Einfalt und Landschaft, Einsamkeit und Schlaf mählich zerstören zugunsten ›menschlichen Fortschritts‹.

Die Geschichte der Siedelungen Europas, der britischen in Hinterindien, auf Ceylon, Singapore, in Kanada und Hongkonk, auf Gibraltar, Malta, Cypern und in Ägypten; der lateinischen, spanischen und französischen in Mexiko, Cayenne, Peru, Bolivia, Algier; der deutschen auf Samoa und in Südwest-Afrika; was ist sie? Eine Kette rücksichtsloser Vergewaltigungen und Erpressungen unter dem Deckmantel: Kultur. Die Geschichte der christlichen Bekehrung, trotz all ihrer Glaubenshelden und Martermänner, was ist sie anders als eine lange Kette von selbstgerechter Dummheit und Dünkeldemut?!...

Überall erscheint dieser demutdünkelhafte, liebesäuselnde christliche kaukasische Mensch, dieser Nomade in der Wüste der Mechanik, als der Erde selbstgerechtester Verwissenschaftler und Verwillenschaftler. Als der machtwillige Übermächtiger und Vergewaltiger alles schutzlos stillen Lebens. – Mittels Schießpulver und Buchdruck, der satanischen Erfindungen des deutschen Geistes, zerstampft er den Schlaf der Erde, schlägt nieder die Eichen Virginias und die Tannen

5 âtman = das *Elementarische* (von an = atmen). Deußens Ableitung von a (in a = ham) und tá = dieses Selbst dürfte abzulehnen sein.

Norwegs und macht daraus bedrucktes Papier. Von Indien bis nach Korea und Japan macht er Menschen von der Schönheit stummer Blumen, gleich uns zu Rechnern und Schwätzern. Auf Upolus, wo schuldlose Naturkinder, welche wir vergiften mit Branntwein und Lustseuche, Geldmarkt und Machtgierde, wo schuldlose Naturkinder uns Deutsche nennen: ›Papalagi, Zerbrecher des Paradieses‹; bis hin zu den fernen Handelsplätzen am Amazonenstrom, wo die letzten Indianer und Neger nicht anders gehalten werden als die Lama- und Kamelherden des Plantagenkönigs, überall ist die Erde überspannt von dem riesigen Gewebe rechnender Zweck- und Gewinnlust. Vom Nutzen abgenutzt. So handfertig als kopffertig. So ausdeutbar als ausbeutbar. Verwortet und verwertet.

III

> Rudra der große Weise wutentbrannt zur Endzeit,
> Der in den Wesen weilt, zerschmettert sein Geschöpf.
>
> Çvetâçvatara-Up. 3,2.

Drei verhängnisvolle Truggeister, die verderblichsten des Abendlandes, haben das Weltbild ahnungsloser Wissenschaft[1] zusammengefügt: Hegel, Darwin und Marx.

Hegel – selbstgerecht, großwortig, unklar und deutsch – verkündete die eigenbezüglich starre Metaphysik der ›Weltgeschichte‹ als einer steilen Ablaufslinie von Kulturen, aufgereiht am Faden Ursache-Wirkung, aber beständig offenbarend einen beharrlichen Auf- und Vorschritt absoluter Moral zu gotterlösender Geistigkeit.

Darwin – engherzig, begrenzt und englisch – übertrug diesen selben frechen Fortschrittsschwindel auf die Naturwelt, deren unermeßlich immer gegenwärtiges All und Eins[2], deren billionenfältige, nein! *all*fältige Lebensfülle[3] nun berechenbar-züchterisch eingezwängt ward in das zeitlich-mechanische Streckbett zielstrebig aufsteigender Arten, welche, einen Fortschritt offenbarend, zuletzt natürlich münden im erdausnutzenden Bildungsmenschen als dem Gipfel der Jahrtausende.

Weit verhängnisvollere Wende aber nahm der amerikanisch-europäische Entwicklungsdünkel unter der Form des sogenannten historischen Materialismus, als Karl *Marx*, mit einer genz auf *Wille* gestellten überall siegreichen jüdischen Begriffsleidenschaft, die unabzählbaren Ringe lebender Ge-

1 avidyâ, docta ignorantia, die Dummheit der Wissenschaft.
2 Nunc Stans (Aquinas); ontos on (Plato) = werdefreies Sein.
3 âtman, pleroma = Lebensfülle.

meinschaft ersetzte durch das einreihige Abschnurren des der Dialektik nachgearteten Vorgangs stetiger Klassenkämpfe. Damit erst wurde alles Leben starr umgedacht in eine unwiderleglich wissensstrenge Kulturphysik.

Man kann den Geist der sogenannt kapitalistischen Gesellschaft im Abendlande (welchen Geist ein nicht minder zwangsläufiger Kommunismus umzustürzen wähnt) nirgendwo tiefer und sicherer erfassen als im Werke von Karl Marx, genannt ›das Kapital‹, dieser Bibel der ›Geistigen‹, bei deren Erforschung man förmlich erschrickt, wenn wirklich einmal aufstößt das Wort ›Mensch‹ und nicht sofort ersetzt wird durch: Rentabilitätskoeffizient, Exponent der Arbeit, Index der Durchschnittsprofitquote, Substitut des zirkulierenden Mehrwerts, oder durch andere zählbare Geltungseinheiten eines völlig entseelten und entbluteten Logizismus. . . .

Wo blieb die Seele? An ihre Stelle trat der Wille!

Wo blieb Gemeinschaft? An ihre Stelle trat: die Gesellschaft!

Gesellschaft als ein zweckesetzender Zusammenhang bezifferbarer Gesellschaftsatome, welche man nennt: Personen oder Individuen. . . .

Wo Gemeinschaft lebt, da gibt es kein Ich und kein Du.

Es gibt in der Natur Gemeinschaftswesen, so innig, daß von den miteinander verbundenen Leben keines nur eine Stunde länger zu dauern vermag als das andere, so wie Rose oder Pappel eingehn müssen, wenn der Väterstamm abstirbt, davon ihr Reis genommen ward.

Die Natur kennt weder Iche noch Staaten. Sie kennt nur die arterhaltende Gattungskraft ihrer zahllosen Gesichte.

Vielleicht ist die geistige Wendung auf des Menschen vermeintliches ›Innenleben‹ (das heißt die Beschäftigung mit dem eigenen Ich) schon eine Art von Erkrankung und Stauung. Jedes natürliche gesunde Wesen lebt unbewußt in irgendeiner Verschlungenheit, als Zelle eines höheren Kreises; aber es kennt diesen Kreis nicht und *weiß* nicht von ihm. Beginnt der Mensch dieses lebendige Verschlungensein außenkraftlich nachzuschaffen und mit ›Ich und Gesellschaft‹ *bewußt* sich zu beschäftigen, so ist das ein Zeichen, daß sein Leben an unmittelbarer Wurzelkraft mitahmender Gemeinschaftsseele zu verlieren begann.

Die Sprachen starker Gemeinschaftsvölker, z. B. das Chinesische, kennen nicht einmal das Fürwort der ersten Person. Wir aber schwätzen unaufhörlich von ›Persönlichkeit‹. Und wie überall die mechanische Vergesellschaftung zugleich Vereinzelung ist, so löst das Abendland die Lebensgemeinschaft auf in eine Unzahl proletarischer ›Existenzen‹. Keine Liebe bindet uns. Nur Belange und Zwecke. Nur der Wettbewerb unsrer sogenannt freien Persönlichkeiten.

Tod der Gemeinschaft, das ist der Tod des Eros!

›Davon zu sprechen ist Verlegenheit.‹

Auch die Liebe (bhâkti), das einzige übersinnliche Erlebnis, seinem Wesen nach selbstaufgebender Wille zu zeitloser Dauer und mithin Gegenpol des selbstbehauptenden Geistes; auch die *Liebe*, darin jedermanns Grenze verlischt und das Ich stirbt, der ›dunkle Despot‹, ward zur Pforte eigenbezüglichster Ichwut.

Der vergeistigte Mensch ahnt nichts von der tiefgeheimen Wesensgleichheit von Liebe und Tod; weiß nichts von den allverschlungenen bacchischen Feiern einer versunkenen Sonnenwelt. Rührt er daran in der kalten Nacht seines Käfigs, dann vergröbert Eros zu wahllosem Sexus. Die man in Indien Gottgegebene (devadasi) nannte, längst wurden sie zu Dirnen.

Schön aber war des Menschen natursichere Seele im Rausche todumlohter Freude. Der befriedigte Genuß macht sie gierig und gemein. Sie grüßten einander: ›Freue Dich.‹ Wir aber sagen: Prosit und Mahlzeit.

Wir haben keine Eleusinischen Mysterien. Jeder Grieche sah sie. Aber so lange Hellas blühte: nie hat einer darüber geredet, nie geschrieben. Denn man wußte: das Heil der Welt hängt daran, daß der Mensch nicht rühre an den Schlaf des

Elements, daß er verstumme vor Unerfraglichem; schauend in Ehrfurcht; ohne Wort.[4]

Hätten wir Geheimwissen, eine Horde sich selbst übertreffender Talentdrohnen verwortete das heiligste Dunkel zu Druckware der Eitelkeit. Das Klüngel der Professoren machte es platt erfaßbar auch dem frechsten Verstand. –

Man blicke auf die Tierwelt! Wo gibt es wohl noch einmal Geschlechtlichkeit so entartet wie im Abendland?! Nur in der Horde. Nur in den Käfigen der Bewußtheit.

Der Geflügelhof (lehrreiches Abbild einer des freien Fluges enthobenen Bürgerwelt!) stellt uns vor Augen, wie die Triebsicherheit, abgeschnürt vom Naturleben, entartet, wie die in der Freiheit einehigen Tiere wahlloser Blutmischung verfallen, sobald sie eingekäfigt werden und somit grade die Zucht auch die Unzucht erzeugt.... Grade das Lebensgetate und Getute der europäischen Jugend ist das Ergebnis ihrer Verkäfigung in Kontor und Kaserne, Kabinett und Kanzlei, Küche, Kafé, Kirche und Kerker....

Indem die Gemeinschaft sich auflöst in Gesellschaft, Liebe entartet zu Gemeinsamkeit der Genüsse oder der Zwecke, rettet sich der Mensch in den Segen ... nein! nein! ... in den *Fluch* der Arbeit und Arbeitsteilung.

Alles wird ›bezüglich‹. Der Mensch lebt nicht mehr. Er denkt, er rechnet.

Man kann seine Wesenheit nur noch durch Tätigkeitsworte erfassen. Er werkt, schafft, verfertigt, schuftet, kann, leistet. Das sind seine Ehren. Kaum begreifen wir eine Wahrheit wie folgenden Satz des Plutarch: ›Wir ehren zwar die Künste, aber berühmte Künstler soll man *verachten.* Denn das sind erniedrigte Seelen, welche ihr Wesen hingeben für ein Werk.‹

Was wären wir ohne Werk? Beziehen wir nicht alle Würden aus der Arbeit und aus unsrer ›Leistung‹ für Markt und Gesellschaft? ...

4 Das indische Wort muni, der Weise heißt eigentlich der Verstummte.

In den entlegenen Felsentälern Südamerikas findet sich herrlichstes Steinbildwerk in Einöden, welche nie ein Wanderer aufsuchte.

Die große Kunst Ägyptens wanderte aus der Werkstatt sofort unter die Erde in die Mastabas, die unterirdischen Grabkammern. Denn der namenlose Künstler schuf für Götter und Tote. Er wendete sich mit seinem Werk so wenig an das Lob der Öffentlichkeit als man schaubetet für Geld auf dem Markte.

In China war durch Jahrhunderte Gesetz, das schönste Bauwerk des Landes, den Isetempel, alle zwanzig Jahre neu zu bauen. Die Griechen bauten ihre schönsten Tempel aus schnell verwitterndem Holz in Gegenden, welche Überfluß hatten an Steinen und edlem Marmor. Sie waren ganz unbekümmert um den Ruhm. Sie hatten und suchten keine Geschichte. Sie lebten starke Gegenwart. Sie waren frei von dem, was den Beherrscher der verbürgerlichten Erde, den Angstphilister eben zum Angstphilister macht, frei von den beiden großen Lasten und Lastern des europäisierten Menschengewimmels: Furcht und Hoffnung.

Indiens schönste Kunst, wie die großen Kambotschabauten oder der Taj Mahal ist von Unbekannten zu Andacht und Ehrfurcht geschaffen. Ihre Gewebe und Geräte, Geschirre, Krüge, Waffen, Spangen, Ringe, Schnitzereien scheinen sie nicht von der Natur selber geträumt zu sein, schlafwandelnd sicher, zwecklos, wie die in der Schlucht blühende Blume unschuldig, ohne Gefallsucht? ...

Musik der Naturvölker ... tönend gewordene Seele von Dschungel und Wolke, Landschaft und Wind; ... Du blühtest in der Einsamkeit, selig in Dir selbst, Deiner selber froh.

Wir aber münzen das Leben. Seine Flut wird zu Eis. Sein Rhythmus zählbare Harmonie. Aus dem Eros wird eine Moral. Aus Seele wird Geist. Und alles wird Gültigkeit und Geld.

Der Begriff des Sehers, des Weltweisen, des Propheten, des Dichters, wohin ist er?

Der Gelehrte, der Schriftsteller, der Philosoph unsrer Kultur entspricht jenem Urbild, das der Inder Pandit, der Grieche Sophist nannte. Niemals aber, ehevor im sokratischen Zeitalter die ›Entdeckung des Menschen‹ begann, unterließ man es, den Schlag der öffentlichen Männer zusammen zu nennen mit dem der öffentlichen Frauen (Hetären), und die Preisgabe des Leibes stand der Vorwelt höher als die der Seele.

Welche sind die besten, die größten unter den Lebenden? Die an ihrem Werke schleppen, an ihrem Talente tragen als an schwerer Sündenlast!

Aber seht doch! o Wunder! Gerade auf den Untergang der Seele in Geist gründet die abendländische Menschheit ihren Stolz...

Die hohen Menschen, die über die Erde gegangen sind, Laotse, Jesus, Ŷajnavalkya, Bodhidarma, Franziskus haben nicht lesen und schreiben können. Wir aber besitzen, schaffen und genießen eine ungeheure Welt fachlicher Werte und türmen sie höher, als je eine Seele zu wachsen vermöchte.

So gleicht die Kultur dem Baumeister, der den Mutterstoff (mâtram) für seine Bauten dem Erdreich entnimmt, welches die Bauten tragen soll. Alle die Riesendome des Geistes stehen auf dem unterhöhlten Grunde einer leergeschürften und nicht mehr wesentlichen Seele.

Das Triebwerk wurde klüger als der Triebwerker. Die Wohlfahrtseinrichtungen barmherziger als die Wohltäter. Die Predigt wahrer als der Priester. Das Häßliche schafft das Schöne. Die Unlogik bedient sich der Logik. Stimmen der Unedlen künden die Gedanken des Edeltums. Worlds work, done by its invalids![5]

Alle die Eitelkeitler und Ehrgeizlinge, die heute des

5 ›Das Werk der Welt, erbaut von seinen Invaliden‹.

Dichtertums berühmten, man messe sie doch an dem Urteil, welches seine besten Zeitgenossen noch über Goethe fällten: ›Was er sprach, war besser als was er schrieb; was er lebte besser als was er sprach.‹ – Das Leben jener, welche die Kultur ihre ›Vertreter‹ nennt – wohl weil sie der Seele jeden Weg vertreten –, ist herkömmlich und alltäglich seelendünn; was sie reden entbehrlich; aber was sie leisten, oh!, das ist staunenswert bedeutend.

Man nimmt offenbar das Leben für eine selbstzweckhafte Gelegenheit, um ›Kultur‹ daraus zu machen. Und doch kommt so wenig darauf an, daß es ›Kultur‹ gibt. Dieses Verwerten, Erlernbarmachen, Vonsichabstellen! Dieses Verbequemern, Vermenschlichen, Sichdrumherumdrücken![6]

Der Mensch *soll* nicht alles begreifen, alles befingern! Er entgleitet dem Leben, indem er, allzu billig, allzu schnell, weiß, kann, verarbeitet. Auch ist Kultur nicht Gestalt; sondern nur Gefüge oder Form! Das heißt eine vom Geist und Wille gelenkte nicht Leben offenbarende, sondern Leben *verwertende* Menschenkunst, daran das Kindertum der Ursprünglichkeit erstirbt.

Geist ist ein endloser Kirchhof abgestorbenen Lebens; vergleichbar den chinesischen Dörfern, wo auf wenige Dutzend Lebende oft viele Tausend heiliger Grabsteine kommen.

Geist gleicht den mächtigen Torfflözen, die unter der Erde sich hinziehn. Sie bergen viele ausgebrannte Sonnen, verkohlte Frühlinge, Riesenwälder voller Farren und Schachtelhalme, die in Vorzeiten geblüht haben, nun aber, im erkaltenden Weltraum, eine mittelbare und künstliche Wärme gestatten.

Geist ist der Stengel der Pflanze. Er gibt ihrem Wachstum zwar den unentbehrlichen Rückhalt. Aber er führt auch zu Verholzung und mithin zum Ende.

Geist spinnt gleich dem Seidenwurm das eigene Grab.

6 Den wesentlichen Inhalt des Veda kann man bezeichnen als Verachtung des Werks.

IV

Wipfelabwärts, wurzelaufwärts wächst die Welt
Gita 15.

Bezeichnen wir als Kultur die *ganze* Welt menschheitssteigernder Sachwerte, von Dynamo, Turbine, Eisenbahn, Dampfschiff angefangen bis zu den höchsten Leistungen der Kunst und Wissenschaft, so dürfen wir getrost behaupten, daß die letzten hundert Jahre den Besitzstand der weißhäutigen Menschen[1] weit erhoben haben über alle Erdgeschöpfe.

Ihre Möglichkeiten wurden grenzenlos.

Diese grenzenlosen Möglichkeiten werden in kommenden Geschlechtern *wirklich* und *werklich* werden. Es besteht nicht die mindeste Gefahr, daß das Abendland, d. h. die sachliche Errungenschaft der abendländischen Menschen jemals ›untergeht‹. Nichts was je war raubt die Vergänglichkeit.

Es kann innerhalb menschlicher Wahrnehmungswelt kein unbewußter Trieb wirken, welcher nicht auch auf dem Wege des Tagesbewußtseins belauert und (durch Beobachtung und scheinbaren Gehorsam) von hinten herum aufgefangen werden könnte. Alles Organische läßt sich *auch* werktümlich verwirklichen.

Wandelt die Natur Blei zu Gold, dann wird eines Tages auch der Geist Gold aus Blei machen. Kann Radium Atome zerlegen, dann wird eines Tages auch der Geist dem Radium ablernen, *wie* man Atome zerlegen kann. Denn da der Geist nichts anderes ist als wach gewordene Formkraft (Spiegel, Schatten und Ersatz des Lebens), so sind die Grenzen des Geistes weder enger noch weiter als die des Lebens überhaupt.

1 Goralogs = weißes Volk, Europäer und Eurasier.

Wir stellen somit als Grundsatz auf: Das gesamte Bereich des Wirklichen oder Werklichen ist die tote Wiederholung dessen, was im Leben eben darinneliegt.

Auch das Reich der Ideen (also alles Körperlose und Zuverkörpernde) ist die tote Wiederholung dessen, was im Organischen eben eingekörpert ist.[2]

... Gesetzt nun das Wort der Schlange habe sich erfüllt, gesetzt wir wären Götter, alles wissend, könnend, machend ... was wäre dann? Es klingt widersinnig und ist doch tiefe Gewißheit: Wir stünden am Gegenpol der Erkenntnis. Wir wären tot und nicht fähig etwas zu erleben. Denn grade soviel als Verstand und wissender Geist vielfältig dem Leben entschöpft, grade so viel geht verloren an vorbewußter Einfalt lebender Seele.

Hier nun stehn wir im Kern unsrer Betrachtung. Stehn vor einer ungeheuren Frage.

Ist der Geist der furchtbare Gegensinn des Lebens?

Ist Bewußtsein notgeborenes Gegenspiel alles seelenhaft vorbewußten Seins?

Die Beantwortung dieser Frage bedarf eines langausholenden Atems. –

Geist ist: was befähigt einzutreten in das Reich der ›Wahrheit‹. Dieses ›Reich der Wahrheit‹ ist *nicht* lebendig und *nicht* wirklich! Wir verwirklichen vielmehr das Reich der Wahrheit (d. h. der für das Wirklichkeitsbild menschlichen Wachbewußtseins gültigen *Norm*) *am* Elemente des Lebendigen. Leben – Wirklichkeit – Wahrheit (vitalité, réalité, vérité), das ist die letzte Dreiheit menschlichen *Bewußtseins*.

Das Wirklichkeitsbild unsres Wachbewußtseins ist somit das (anhand der normativen Sphäre auferbaute) Verdinglichtwerden unsres Stückchens Leben und Erleben zu Wirklichkeit in Raum und Zeit.[3]

2 Plato: Ektypon (Gebilde) ist das Werk-werden von Prototypon (Gestalt). – Aristoteles: Wirklichkeit ist die Verwirklichung von Möglichkeiten (Anlage).

3 Die Begriffswelt der obigen Darlegungen findet ihre klare Erläuterung in dem Werk ›Geschichte als Sinngebung des Sinnlosen‹.

Um lebendig zu bleiben müßte der Mensch sich immer wieder entwirklichen und entdingen.

Aber der Mensch *als* Wirklichkeit (das bewußte, persongewordene, gegenständlich sich selbst erfassende Leben) ward damit selber zu einem geisterhaft seelenlosen Helfer am Zwangslauf der Bewußtseinswirklichkeit.

Im selben Maße als er (Leben und Selbst seine Geheimnisse entlauernd) eine Dingwelt zwangsläufiger Werte und Sachen auferbaut, tötet und verliert der Mensch Leben; wie der Fluß zu fließen aufhört, wenn er zu Eis wird.

So wäre die ungeheure Frage beantwortet: Geist *ist* das notgeborne Gegenspiel des Lebens!!

Goethe hat das geahnt. Mißtrauisch gegen den ›Geist der Wissenschaft‹ gestaltete er mit unendlich zartem, nie ganz verstandenem Spott den Fluch der Dingwelt in der scherzhaften Figur des Homunkulus im Faust, des im chemischen Glase gemachten Menschleins, das nach dem Rate des Vorweltweisen wieder dem großen Meere sich dahingibt. Auf geistigem Wege der Natur abgelauert, besitzt er eine vollkommenere Kraft der Wirke als jede naturgewordne Gestalt. Niemals kann er fehlen; muß in jeder Lage das schlechthin Richtige tun. Weiß alles, kann alles, sieht alles. Nur schade! Er besitzt keine Grenze der Natur. Und mithin, außerhalb der künstlichen Begrenzung seiner chemischen Flasche, auch – kein Leben. ...

Unsere Welt der Wirklichkeit, die Welt der Wissenschaft ist dieser Homunkulus. ...

An den Küsten des mittelländischen Meeres bei Neapel ragen ungeheure Gebirgsstöcke. Es sind Kalkpanzer toter Wurzelfüßler. Jedes Tier sonderte seinen Kalk ab und erstickte an seinem Panzer. Es starb an seinem Werk. Uns sein Werk war seine Notwendigkeit. Übrig blieben die gewaltigen Felsenmassen. Sie ragen gespenstisch in die Jahrhunderte. Denkmale erfüllten Lebens.

V

Wissen kann nur, wer nicht lebt; wer teil hat, weiß nicht Laotse.

Hier nun lüften wir für einen Augenblick den Schleier von dem gewaltigsten Selbstbetruge aller Zeiten; dem Selbstbetrug der christlichen Zeitalter: von der Vertauschung der Wahrheit mit dem Leben; der Vermengung einer zurechteweisenden Ausdeutung des Elements mit dem Elementarischen selbst.

Überall wo Leben ist, da ist Schranke in Liebe und Haß.[1]

Wo Liebe und Haß herrscht, wird als grausam hochmütig empfunden der alles Lieben und Hassen auswertende und in sich einschlingende Geist. Nun aber kommt die christliche Kultur und baut auf dem großen Urwiderspruch: Gott ist der Geist *und* die Liebe! Ich bin das Leben *und* die Wahrheit!!

Auch nicht der verwegenste Fluch vermöchte die wahrhaft satanische, die ganze Kulturwelt durchziehende Lüge zu brandmarken, welche aus der Vertauschung des Lebens mit dem Menschlich-Geistigen gewachsen ist.

Daß die ältesten Mystiker und Väter immer und immer wieder das Denken bezeichnen als die Pest, den Krebs, die Hölle des menschlichen Geschlechts; daß sie den Gott des Geistes gleichsetzen dem Satan und die Vernunft eine Hure nennen, man kann alle diesen Widersinn der christlichen Jahrhunderte nur dann aus der Tiefe begreifen, wenn man groß ward im Irrgarten der europäischen Philosophie, in welchem (seit Descartes)[2] das Seiende als ein im Bewußtsein

1 kâma, Begier; eros und eris, Liebe und Kampf.

2 cogito ergo sum, d.h. Ich denke also bin Ich (Sein=Gegenstand von Bewußtsein).

Gegebenes, das Erleben als *denkendes* Erleben betrachtet wird und die *Worte:* Leben, Anschauung, Erfahrung usw. unaufhörlich zum Mittelpunkt völlig blutlosen Philosophierens gemacht werden[3], ohne Gefühl für die oberste Wahrheit, welche Indien nie verloren ging: daß der sicherste Totschläger des Lebens – der *Begriff:* Leben ist, daß ein Wissen vom Leben nicht möglich ist; ... maßen *alles* Wissen immer nur sein kann: das nachträgliche Sinngeben.

Wir verwenden die Sprache der *Psychologie* ..., grade als ob sie der Ausdruck lebendiger Seele wäre.

Aber seelisches Leben ist weder teilbar noch zusammensetzbar.[4] Es ist kein geistiges Maschinenwesen, kein automaton spirituale, bestehend aus: Vorstellungstätigkeit, plus Willenakten, plus Gefühlen usw.

Dieses alles vielmehr, jenseits seelischen Lebens stehend, ist: Sinngebung von nachhinein.[5]

Wir reden die Sprache der *Geschichte* ..., grade als ob lebendiges Geschehnis dahinterstünde. Aber das Leben kennt keine Ursachen, keine Wirkungen. Es ist nicht: ›Bewegung in der Zeit.‹ Es ist ewige Gegenwart, ohne Geschehen.

Wir reden die Sprache der *Physik* ..., als handle es sich bei Potentialen, Differentialen, Äquivalenzen, Quanten – um Lebendiges. In fast komischer Weise tritt diese Verwechslung zutage an Keplers tausendmal wiederholtem Wort:

›Das Buch der Natur liegt aufgeschlagen vor uns; aber es ist in anderen Lettern geschrieben als unser Alphabet; seine Buchstaben heißen Dreiecke, Vierecke, Kreise und Kugeln.‹

Ei bewahre! Zeugende Natur kennt weder Zählzeiten noch geometrische Gebilde; vielmehr ist grade dieses *unser* Alpha-

3 Phänomenologie; Intuitivismus; biologische Philosophie und ähnlicher Modewahn.

4 Leben ist coincidentia oppositorum (Kuës). Dagegen ist alles Wissen ein Ur-*teilen* (Apperzipieren = Heraus-holen).

5 Geschichte als Sinngebung: logificatio post festum.

bet, darein wir Leben als ›Natur‹[6] erfassend, Unerkennbares verkleiden.

Nun aber ist der Fluch des logisch-mathematischen Genius, daß er immer glaubt zu ›erkennen‹, indes er nie etwas anderes verwaltet, nie anderes verwalten *kann* als *das* Ideal, darin die ganze Geschichte des Abendlandes wurzelt: Wissen ist Macht![7]

Niemals ist der Übermächtiger des Lebens sein Erkenner. Niemals war ein Mathematiker oder Logiker – Philosoph! Niemals kann, niemals darf er es sein!!

Immer aber war auch der nüchternste Wissenschaftler des Abendlandes selbunbewußt ein Kind des Christentums, d. h. des Humanismus.

6 Physikalische Natur; vyaktam (das Geformte) = natura naturata.
7 Baco.

VI

Wer's erkennt, der weiß es nicht.
Kena-Up. 11.

Wer in der Wissenschaft unsrer Erdhälfte heimisch ist, dem erscheint die Welt unabwendbar unter dem Bilde des Kampfplatzes miteinander hadernder Energien oder als das Bild des Handelsmarktes, beherrscht vom Gesetz, des kleinsten Kraftaufwandes; gelenkt vom Ideal der billigsten Selbsterhaltung.[1]

Unsere Wissenschaft vermag das Lebendige schlechterdings nur unter dem Bilde der Kraft zu betrachten, als Gefälle oder Funktion, als Dynamik oder Betrieb der Zeit.

›Denken ist Rechnen in Worten‹ ... hat der erste europäische Logiker gesagt.[2] Aber ursprünglich bedeutete das Wort ›Wissen‹, das indische veda nichts anderes als Gesicht oder Schau.

Man darf nicht wähnen, daß das Morgenland ›denke‹, in unserm Sinne.

Das Denken Indiens ist gesteigerter Lebenszustand, vergleichbar jenem Hellfühlen, welches einzelnen vielleicht erlebbar wurde unter Einwirkung von Morphium, Kola oder Äther.

Diese Erkenntnis stellt dem Traum ungleich näher als dem denkenden Tageswachbewußtsein.

Träume sagen unmittelbar was ich *bin.* Ob mein Leib gesund ist oder krank, gehemmt oder frei, fiebernd oder erschlafft, davon sind Träume die unmittelbaren Spiegelbilder. Jeder Gegenstand wird im Traume zu meinem Zustand.

1 Newton faßte dies sog. Ökonomiegesetz in die Formel: ›maximus effectus minimo sumptu‹ (Mach).

2 Hobbes

Dementsprechend ist das morgenländische Denken nicht abstrakt, nicht ›intentionales Denken‹. Nicht mechanisch, nicht gegenständlich, sondern es denkt in Symbolen, wo wir als Begriffler und Geistler uns durch Analogien verständigen.[3]

Daher ist im Morgenland die erste Bedingung zum Philosophen ein langes Üben im Schweigen. Raya-Yoga und Kasina-Übungen; Übungen im Aufsammeln und Beherrschen des Atems und jene Versunkenheit, bei der der Schauende die Silbe om (unser Ur-) durch den Körper gleiten läßt. – Bei uns ist erste Bedingung zur Philosophie der Verbrauch an Atem und die lange Übung im Reden.
Unser Begriffsrüstzeug, die Rechenmünze nie entspannten Geistes[4], ertötet unser Volkheit anschauend einbildende Kraft.

Wir vergliedern alle Blumen; aber stehn nicht still vor der *einen* Blume. Man irrt, wenn man hinter den Naturkulten Asiens sucht die Verehrung von ›Naturkräften‹, von Sammelbegriffen, wie etwa der Sonne, des Mondes, des Feuers, der Schlange. Die Gottheit des zunehmenden Mondes ist eine andere als die des abnehmenden; die aufgehende Sonne hat ein anderes Antlitz als die untergehende. Wahrscheinlich handelt es sich, ähnlich dem Mythos der Griechen, um die Erahmung ganz begrenzter, ganz bestimmter und immer *anderer* Gestalt[5]: der bestimmten Quelle, des jeweils geliebten Baumes, des dem Beter vertrauten Tiers.

Unsere Geistigkeit, aufs ›Allgemeine‹ gerichtet, entbehrt dieser sinnfälligen Anschauung des Einzelnen. Wir lesen gedankenlos in der Zeitung, daß zehntausend Feinde erschossen sind und hängen die frohen Fahnen an die Giebel der Häuser. Denn wir *sehen* sie nicht, die zehntausend ›Feinde‹.

3 Symbol kommt von symballein, Zusammenfallen; Analogie heißt Ent-*sprechen.*

4 vitakka; Geistesspannung.

5 brâhmavidya; Wesensschau; älteste Form unserer: Universalen Charakterologie.

Am fernen Himmelrande unsrer Kultur schwebt als ihr letztes in unendlicher Annäherung erreichbares Ziel das grauenhafteste aller Vernunftideale: Leibnizens ›lingua Mathematica Universalis‹ (dieses Gegenstück des brâhmavidya): der Tod der Musik, der Sprache und des Volkes.

Der letzte Kern alle dieses Wissens ist der Wille: dank des Wissens die Natur *machen* zu lernen. Denn man ›weiß‹ nur, was man machen kann. Wo aber der Mensch erkennt, da *ist* er, was er erkennt. Erkennen ist Liebe. Geist verhält sich zu Erkenntnis, Vernunft zu Liebe nicht anders, wie Mathematik sich verhält zu Musik.[6]

6 ›Geschichte als Sinngebung des Sinnlosen‹.

VII

Windzeit, Wolfzeit
Mitleidlos mordet
Der Mensch den Menschen.

Völu-Spâ

Als im Jahre 1914 eine nordfranzösische Stadt zu Trümmer geschossen wurde, bleib mitten auf dem Markte ein aus Eisenhärtel gebautes Warenhaus stehn. Das hieß au bon marché. Rundum Plätze und Straßen waren ein Schuttmeer. Nur das Kaufhaus hielt stand. Und in seinen Glasfenstern prangten zur Schau die gepriesenen Erzeugnisse des ›Komfort‹: Bronze und Steingut, Seiden und Spangen der Frauen, Hausgestühl, Teppiche; alle Erträgnisse des Erwerbs und Gewerbefleißes. Nur schade: Es war keiner da, welcher kaufen konnte. Ringsum fror Tod. …

Mancher Hoffnungsfrohe hegt die Überzeugung, daß der Geist, gleich der Lanze des Achilleus, die Wunden, welche er schlägt, auch zu heilen vermöge. Das zu dinglicher Wirklichkeit geronnene Leben könne wieder aufgetaut und zum Ansatz neuen Aufbaus werden, sei es durch neue sachliche Schöpfung, sei es mit den Mitteln der Staatskunst, des Werktums und der Wirtschaft; sei es endlich durch Vernunft oder reinere Sitte.

Keiner dieser Wege führt aus der Wirre. Grade das Glücks- und Fortschrittsdenken, seine Wahrheit und sein Recht, hat das Leben und seine Freude ertötet, indem der Mensch, selbstlos geworden, als ein sachlich abgenützter und verbrauchter, sich hin verschenkt an eine Tatwelt der Willenswerte, welche wie Rosen ein Gerippe zuletzt nur verhüllen die Verstarrung und Zerfetzung unsrer Seele. …

In diesem Augenblick (1921), was *sind* die Menschen

Amerikas und Europas? Alle, ausnahmslos, rühmen sich der Persönlichkeit. Alle predigen Freiheit und reden die selbstgerechten Worte des Geistes, die Worte Kants, Luthers, Lagardes, Fichtes.

Die großen geistigen Persönlichkeiten im gegenwärtigen Deutschland[1], im Grunde stimmen sie alle für das Wiegenlied des neuen Weltalters die *selbe* Saite, darauf bisher nur die Sterbelieder der früheren Weltalter gesungen wurden: Wahrheit – Wille – Geist – Vernunft! In Frankreich, England, Amerika, Australien überall ertönen dieselben Schwüre: Eiserne Nerven! Angespannter Wille! Arbeit! Zucht! Menschheitsziel! Und alle Völker brennen von Entschlossenheit zu Gott und zu Geist. Was aber ist denn der Nutzen von alle diesem Nutzen? Was der Wert alle unsrer Werte?

Wir *sind* nicht diese Kultur; sondern wir dienen ihr. Sie ist nicht Offenbarung eines Lebens, sondern das Notwerk eines Wollens. Wir sind die Hörigen alle ihrer Güter und Werte: der Wahrheit, des Rechtes, des Vaterlandes, des Staates, der Familie, der Ehe, der Menschheit. Im Dienste alle dieser idealen Gewalten wurde das reale Leben zur allerrealsten *Hölle*.

Wer in dieser ebenso lauten als liebearmen Vernunftwelt *hat* noch einen Willen? Selbst der eiserne Wille eines Ludendorff und Hindenburg ist der Wille von Sklaven.

Wollen wir den Krieg? Wollen wir die Revolution? Beides kommt, ob wir das wollen oder nicht. Die Maschine ist uns über den Kopf gewachsen. Und es ist derselbe Notzwang, welcher gestern das Abendland hineintrieb in die Kriege der Soldaten- und Nationalstaaten, welcher morgen uns peitschen wird in die kurzatmigen Verzweiflungsschlachten eines unsagbar hoffnungslos anwachsenden Weltproletariats.

Es gibt zuletzt nur einen einzigen Punkt, von dem aus die Welt, die uns überkommen ward, stetig der Verjüngung und

1 Chamberlain, Joh. Müller, Eucken, Ernst Troeltsch, Max Scheler, Leonh. Nelson, Oswald Spengler, Graf Keyserling.

Erneuerung gewiß ist: die allereigenste, einmalige, allein lebendige Seele.

›Einer muß umkehren und mit der Liebe anfangen!‹[2]

Wie es jedoch in Wahrheit steht im Bereiche der christlichen Liebes-Worte und Evangelien, dafür mögen wenige sinnfällige Beispiele zeugen.

Jetzt sterben in Deutschland die Kinder. Frankreich hat unsre Milchkühe genommen. Wir haben für die Kinder keine Milch. Aber in Argentinien hat man Tausende Rinderherden zu Büchsenfleisch verarbeitet, und da man es nicht verkaufen kann, macht man, damit nicht alles umkomme, Seife daraus. In Rußland erfrieren gegenwärtig Tausende, Männer und Frauen und Kinder; aber es lagert in Brasilien so viele Wolle unverkäuflich, daß man die Schafherden schlachtet, weil sie keinen Nutzen mehr bringen. In den ehemaligen deutschen Schutzgebieten werden die Negervölker versklavt; die versklavten zur Besetzung des Rheinlands verwendeten Schwarzen schänden Tausende weißer Frauen. In den Münzen von New York und Philadelphia lagert so viel europäisches Gold, daß man es zu Bergen einschmelzen muß; indes hilft sich Europa durch den ungeheuren Schwindel des Zettelgeldes. ...

Das alles sind kleine Striche im Bilde der vom Naturtrieb abgelösten auf die Logik und Ethik gestellten Willenswelt.

Einzig allein aus Morgenland kann die Wiedergeburt der ältesten und einfachsten Erkenntnis und mithin der Verjüngung des *in die Sackgasse der christlichen Geistigkeit* verlaufenen Kulturlebens kommen.

Indiens jüngster Lebenslehrer Ramakrishna war zeitweilig auch Christ, Moslem, Taoist. Er glaubte so stark, daß ihm Jesus, Buddha, Moses, Laotse zeitweilig leibhaft lebendig geworden sind; dennoch der Begrenzung alles Lebendigen bewußt, blieb er treu dem ihm angestammten Dienst der Kâli (Zeit), der zeugenden und mordenden Mutter.

2 de Rancé.

Ist das Mangel an Gepräge? Standpunktlosigkeit? Heimatlosigkeit? Wankelmut? Mangel an Überzeugung?

Es ist die ganz schlichte Gewißheit (die der europäische Standpunkt-, Gesinnungs- und Bekenntnis-Mensch nie erreichen wird), daß in allen Gestalten, wie immer sie sind und von jedem Punkte aus, wo immer er liege, stündlich uns der Zutritt möglich ist ins Immergegenwärtige und Ewige.

Eine große erlösende und beglückende Sicherheit sagt uns: wer als Fragender und Suchender die Erde umwandert, kann schließlich immer nur wieder zurückkommen zu dem selben Punkt, von dem er ausging. Wer aber *fest* steht auf dem Punkt, dahin der Zufall und die Geburt ihn bannt und, seine Grenze bejahend, beharrlich in die Tiefe geht, der kommt von jedem Punkte aus in das Letzte. ...

In diesem Augenblick, am 18. März 1921, ist die geschichtliche Lage in Deutschland noch genau die gleiche wie am 4. August 1914.

Damals stand zur Wahl: Krieg oder Weltrevolution?

Alle versagten. Frauen, Friedensfreunde, Sozialisten, Christen. Dennoch kam der Umsturz. Nur um 4 Jahre 3 Monate zu spät! Und genau die gleiche Lage wird immer dasein. Immer wird es heißen: Krieg oder Weltrevolution?

Zunächst aber findet dann die Geschichte den Ausweg, den sie immer noch einschlug. Er heißt: Sklaverei. Denn der Mensch ist der Erde tragfähigstes Lasttier und duldet, so lange er eben *kann.*

Endlich aber tagt jedermann die Stunde, wo er durchschaut, daß weder mit Vernunft und Ethik noch mit Arbeit und Gütererzeugung die dem Volke zertretene Seele zu erneuern ist, daß weder Kriege etwas ändern noch Revolutionen, weder Christentum noch Freigeisterei, weder Vaterland noch Internationale. Denn das Geschick der Erde hängt einzig am Lebensgefühl der gewandelten Herzen.

Und wenn alle Hoch- und Anbilder der Wirtschaft, Glück und Wohlstand für alle verwirklicht sind (wir wünschen es!

wir wollen es!!), gar nichts wäre verändert, wenn nicht diesem mustergültigen Wirtschaftskörper eingeblasen würde: eine neue Seele. Wenn er nicht Ausdruck und Leib wäre allliebender Seele, entwachsen der Zweckheit; um ihrer selbst willen lebendig.

VIII

> Hier bin ich ruhig, denn es wartet mein
> Die längst bereitete, die neue Stunde
> Im Tode find ich den Lebendigen ...
> Um Mitternacht wird er es uns vollenden,
> Dann folgen wir zum Zeichen, daß wir ihm
> Verwandte sind, hinab in heilige Flammen.
>
> Hölderlin.

Sie ist. Diese Seele ist. Durch alle Schutthalden des ›Geistes‹, ist sie noch immer wieder durchgebrochen. Von Jugend an wurde sie tot geschüttet mit dem Wissen um tote Sachlichkeit. Aber wie ein großes Feuer in Nahrung wandelt das Holz, woran das kleine erstickt, so brach starkes Leben aus jedem Grabe als Blume der Schönheit.

Damit sind wir, was wir sind. Ohne Widerspruch; ohne Gefrage. ›Objektiv‹ – das ist ein anderes Wort für: gleichgültig. Alle Fragen und Zwiste unsres Denkens sind Scheinfragen und Scheinzwiste. Sie werden eines Tages dadurch gelöst werden, daß man nicht mehr so fragen wird und die heute so Fragenden nicht mehr versteht. Immer aber lebt Schönheit und Seele. Dumpf, stumm, ungelöst; wo noch Volk lebt. Bei den Tieren, den Blumen, den Steinen. Bei Büßenden, Dirnen, Unterdrückten. Geist gebunden an Blut.

... Ich stehe an einem Frühlingsteiche und werfe den Stein hinein. Da erzittert die leuchtende Fläche in Millionen Ringen. Die Kreise spielen ineinander, suchen, hemmen, fördern, erweitern, lösen sich. Auf – ab; endlos.

Indem ich dies Spiel treibe, durchschaue ich meine Schuld: mein Zweiheitlertum; die ›Antithese‹!

Was ich mein ›Denken‹ nenne, ist die urnotwendige Tatform eines machttätigen Wollens, welches nie greifen, ergreifen, nie: fassen, erfassen kann mit *einem* Finger; sondern deren zweie bedarf.

Aber das Leben selbst ist Einklang von Gegensätzen.

Nie verfährt Natur in Form des dialektischen Fortschreitens. Nie ist ihr Leben lineare Bewegung in mechanischer Zeit. Sondern sie bildet Ringe; umgriffen, ausgelöst, aufgenommen durch immer andere Ringe.

Und so wäre denn Geist *nicht* Gegenspieler des Lebens? ...

Nein!

Denn wenn wir den uns gegebenen Kreis ganz erfüllen, so haben wir ihn wieder überwachsen.

Niemals aber läßt der zweite Schritt sich tun, bevor der erste getan ist.

Wir müssen also unsern Weg beenden. Es ist der Weg der Tragödie, die im Tode erhöht und verklärt.

> Es muß die Menschheit ringen nach dem Ziele,
> Bei welchem angelangt die Welt zerfiele.[1]

Wir müssen uns als Menschen bejahen, wie wir sind. Müssen dem Menschen Ehrfurcht geben vor sich selbst. Müssen ihn lieben wie er ist. Nur Freude erlöst. Wir geben nichts auf von unsrer verfluchten Kultur. ...

Hier aber höre ich den empörten Aufschrei des Lesers.

›Warum sprachst du? da du zuletzt dir selber widersprichst. Wogegen kämpfst du? da du zuletzt alles heilig sprichst, was du verfluchst.‹

›Ich kämpfe gegen die Abschnürung der Kultur von der großen Mutter und gegen den Dünkel des Geistes, daß die vom All abgesprengte kaukasische Menschheit sei: das Leben.‹

Eis wandert über die Pole. Die Tundra wächst. Die Wüste, die Haide, der Wald, das Meer. Bald wuchert Natur hinweg auch

1 W. Jordan.

über die stolzeste Friedensburg der Menschenkultur. Denn Leben ist ewige Dauer. Und wehrt sich wider den Tod im Geist. Indem wir uns erlösen, erlösen wir das All *von* uns.[2] Brâhma umfaßt auch Nirvâna. Wir *wollen* Nirvâna. Sind: Brâhm.

2 ›Dein Wille ist der Wille *nicht* zu wollen.‹

IX

> Glaubt mir Leben und Wachsen
> Ist das Einzige in der Welt.
> Was jeder davon denkt und hält
> Sind alles Faxen.
>
> Comödie 1891.

Noch blühen glückselige Inseln für Einsame und Zweisame. Die Athosklöster äugen aus der Nacht unberührter Wälder auf das blaue unendliche Griechenmeer. Fromme Bhiku wandern unter der Sonne Indiens; ziellos zwecklos, eingesenkt in das ewige Leben. Auf den Eilanden Polynesiens faßte kein Europäer Fuß. Keine Lasten, Laster, Seuchen, Rauschgifte. In der tiefen russischen Steppe lockt noch das Lied aus Githara und Balalaika und es klagt die Hirtenflöte des Pan, des menschenscheuen, aus endlosen Prärien und Pampas der Cordilleren.

›Zweckfreie Selbstentwicklung‹ ... eine herrliche Jugend hat dieses Schlagwort geprägt. Die frei-deutsche!

Einfaches Leben von Früchten und Milch; heitere Ruhe im klaren Licht des Tages, frohes Vertraun im magischen Schauer der Nacht. Der neuen Jugend steht alles noch frei.

Winddurchschüttert wird dein Haar sein und gebräunt von Sonne und Salzflut deine Wange. Fröhliche Wanderer, Pfadfinder, Wandervögel, Knaben und Mädchen, frei vom Zwang der Vätergewalt, ohne Herrschaft und Gesetz, ohne Logos und Ethos, Hand in Hand, aber voll wiedergeborener Unschuld, die hindurchging durch Geist und Gesetz. Wir wandern mit dir. Ihr werdet wieder Schwestern dem Wasser und Bruder dem Wind und begreift die ganze Ruchlosigkeit der europäischen Mechanerie; dieser ›logisch-ethischen Organisation‹, die große prahlende Lüge unsres Naturerlöser- und Weltvergottergeschäfts.

›Der Mensch in der Mitte‹ ... Nein!! Der nordische Mensch der ermatteten Sonne, eingekäfigt in Kleider und Häuser, Pflichten und Begriffsgehäuse, gebannt in die große Steinwüste einer zwangsläufig gewordenen Werkerei, kann nur Flüchtling werden oder Zerstörer; aber sorgen kann er, daß die große Mutter, die er gemartert hat, Kinder aus seinem Blute wieder nimmt ans verratene Herz und daß die Erde, die wir zu Mensch machen, uns arme Sünder wandelt in das, was wir sind und auf ewig bleiben: Leben der Erde.

Ein letzter Gedanke taucht auf, ein gläubigster.

Die Geschichte der Menschheit, Bewußtseinswirklichkeit im Raum und in der Zeit, ist Weg des Geistes. Geist ist Vollendung. Was wir die Wirklichkeit nennen, diese Welt des Sachlichen, ist das Wirklich-Machen *unsres* Sinns; Verwirklichung unsrer Wahrheit, Auferbauung unsrer Richtmaße und Normen *am* Element des Lebens.

Aber kennen wir alle Reichtümer, alle Möglichkeiten des Elements? Wie es im Menschen bildet als sein Werkzeug den Geist, woran die Mutter die Erde sich erfüllt und vollendet, wie es als Bewußtseinswirklichkeit sich darlebt in der Form: Raum – Zeit – Ursache[1] ... könnte es nicht so auch *andere* Welten, *andere* Werkzeuge aus sich erzeugen? Wir freilich erfassen Lebendiges unmittelbar nur durch Ahmung.[2]

Wird aber Leben bewußt, so tritt es eben damit in die Formen unsrer Sinne.[3] Denn jedes Lebewesen lebt in *seiner* Welt. Und es gibt deren mehr als die *eine* ... Aber können nicht aus unerschöpflichem Born Seelen strömen, ›Welten‹ bauend, denen gegenüber die unsere, unser Bewußtsein mitsamt allen seinen Inhalten und seiner wertverwirklichenden Weltgeschichte, nichts anders ist als *ein* Tröpfchen

1 deca = kâla = nimitta, Raum = Zeit = Ursächlichkeit. Sie weben die Mâya, d. h. die Welt unserer Erfahrung.

2 Yoga = Ahmung, Plotins ἅπλωοις. Arab. tanhid. (Lessing, Philos. als Tat: Psychologie der Ahmung, Göttingen 1914.)

3 nâma rupa, Wortkraft und Formkraft. Im Veda heißen sie »die beiden großen Ungetüme«. Aber schon bei Irenäus (200 n. Chr.) »die beiden Hände Gottes«.

Wellenschaum, emporgeworfen vom ewigen Meer und wider eingetrunken?!

Ja. So ist es. Unsre abendländische Welt vergeht, nur so weit sie zu Geist ward und Geist der Erde Ende.

Aber ein ungeheures Leben sichert uns der Teilhabe an noch anderen Lebensreichen als am geistigen. Wir haben mehr als ein Leben. Haben zahllose Möglichkeiten. Alle. In Ewigkeit. Was kann wünschen, wer Alles hat?

Spinoza sagt vom Sein, daß es unzählige Merkmale habe, von denen nur zwei, Körperwelt und Geisteswelt, uns ins Bewußtsein fallen.

Kant sagt vom Wesen hinter Raum und Zeit, daß es faßlich werde einzig als Wirklichkeit von Bewußtsein in bewußtseinsmenschlicher Form. Nun wohl! Auch wir glauben das. Aber mit der Urweisheit versunkener Seele ahnen wir immer andere Wesen, andere Bewußtseinsform, andere Welten in, neben, über der unsrigen. Es gibt kein Universum, sondern Multiversa. Es ist schön dies zu sein. Schön anders. Alles kehrt zurück. Auch die Götter des Heidentums. Der Traum unzähliger Naturseelen und Elemente war mehr als Traum. Klingt nicht noch befreundeter Klang aus Edda und Kalewala? Gnosis und Kabbala? Aus den Denkern vor Buddha? vor Sokrates? Aus uralter Mantik und Zauberei? Alle die großen Seher und Deuter hatten Wirklichkeit, davor die stoffbeschwerte Sach- und Dingwelt der Wissenschaft verblaßt. Denn dies ist nicht im Raum und nicht in der Zeit. War nicht in Hellas und in Indien selbst der Wahnsinn heilig? ...

Ahârat, so nannte das älteste Indien den Mann, der des Menschen Bewußtseinswirklichkeit abstreifend, überbewußt in das Zeitlos-Gegenwärtige, Immer-Wesenhaft-Lebendige eintritt. Ararat nannte auch die Bibel den Berggipfel, darauf Noahs gerettete Arche landet.

Die Sintflut wächst. Europa stirbt an Worten, Werken, Werten.

Es wird berichtet von dem ersten modernen Naturforscher, der Lebendiges *zerlegte*, von dem großen Anatomen Jan Swamerdam, daß er, wie Newton schließlich zur Apokalypse flüchtend, aus seinen berühmten Schöpfungen verzweifelt einen Scheiterhaufen erbaute. Darauf hat er sich selber verbrannt. Europa wird sich selbst verbrennen auf dem Aschenberge seiner großen Leistungen.

Die Sintflut wächst. Lasset die Toten ihre Tote begraben. Wir sehen den Gipfel. Und bei uns an Bord ist das Bild der großen Mutter. Die Taube kommt über das Meer mit dem Ölzweig. Der Friedensbogen brennt still über der Feste. Errettete knien nieder und küssen dankbar die entsühnte uns wieder gefreundete Erde.

Antaios und Herakles
oder
Der Ringkampf von Leben und Geist

(Geschrieben im Sommer 1921)

Gebt Euch Natur, bevor Natur Euch nimmt. Hölderlin.

›Die verfluchte Kultur.‹ Was bedeutet diese Aufschrift?

Mit dem Beginn der sogenannten Welt- oder Menschheitsgeschichte, auf deren erstes Blatt dunkle Ahnung die Kunde schrieb von einem Sündenfall oder einer Sündflut, ist auferstanden ein *gegen das Leben der Erde gerichteter Widerdämon.*

Er muß die Erde übermächtigen. Muß die Erdjugend binden. Muß das Lebenselement verhirnen. Muß den zeugenden Gewalten zum Fluche werden. Wir nennen diesen satanischen Dämon: die Kultur.

Kultur ist jener Vorgang, dank dessen ein Teil des Seins (des brâhma), nämlich der *Geist (buddhi, der Geweckte)* sich aufwirft zum Gewaltherrn und zum Erlöser des Lebens.

Hiermit soll nun nicht eine Zweiweltenlehre (wie etwa die Lehre Kants), unterstützt werden. Nein! Es soll nur darauf hingewiesen sein, daß das Geistige, das aus der Natur strahlt und ihr entquillt, sich in Form der Kultur, d.h. der Menschheitsgeschichte aus dem Lebenselement herauszulösen trachtet.

Die älteren Upanishads (z. B. Chândogya 6.1 u. Çvetaçvatara 8.16) bieten dafür ein sinnfällig schlichtes Bild: die in der Milch darinsteckende und ihr entzogene Butter.

Was also wäre, anhand dieses urväterlichen Bildes, unsre

abendländische Weltgeschichte? Was die christlich-buddhistische Kultur?

Die der Milch entzogene Butter!

Im Sinne dieses derben Bildes könnte man den christlichen ›Gott‹ mit dem österreichischen Worte ›das Obers‹ nennen; er ist der Milch entlöst. Und was zurückblieb, als toter Stoff, mechanische Energie, bloße Natur, das wäre die wässerige Lake der entrahmten Halbmilch (wir sagen in Hannover: ›Der Schmant is all vonne‹).

Die Menschheit also, welcher wir zugehören, wäre das trostlose Ergebnis des mit Buddha und Christus wirksam werdenden Vorgangs der Ablösung.

Indem der Menschensohn auferbaut das Leben zu Geist, erlöst er in Wahrheit das Leben vom Geiste.

Das heißt aber von sich. Vom Menschen.

*

Das Verschwörertum logisch-ethischen *Geistes* steckt schon im Worte: Mensch. Das Wort hängt zusammen mit dem indischen mânas, der Bezeichnung für die geistige und tätige Seele. Und dieses Wort wieder hat eine Beziehung zu mâna = Selbstgerechtigkeit, Dünkel.

Des selben Stammes ist das lateinische mens, welches Wort verwandt ist mit mentiri, lügen. So wie im Deutschen Verstand verwandt ist mit: verstellen.

Der erste Mensch, der indische Noah, der Ahnherr der Menschengeschichte, führt den Namen Manu, der messende.

In alledem liegt die Erkenntnis, daß uns zum Menschen stempelt: das wach und bewußt gewordene *Urteil,* welche menschliche Befähigung die Wahrheit normativer Richtmaße (die sog. logomathische Sphäre) hervortreibt. Anhand dieser normativen Sphäre *erbaut* (verwirklicht) das menschliche

Bewußtsein seine bewußtseinswirkliche Welt in Zeit und Raum. Es denkt die gelebte Welt *um* in die gedachte.

Hierfür gebraucht die Gîta das (S. 33 angeführte) ungeheure Gleichnis: Die Welt ist ein Baum, der mit der Krone nach unten wächst; seine Wurzel hat er im Traumreich, im ›Himmel‹ (brâhma). (Das Gleichnis findet sich schon Kâth. 6.1 und wird von den Erklärern flach erläutert als Bild der Vielheit [Welt], die doch in der Einheit wurzelt. Dasselbe Bild gebraucht der alte germanische Mythus; es ist die Weltesche Ygdrasil.)

Was also wäre die Wesenheit (dhârma) des Menschseins? Es ist die Fähigkeit zielstrebig (d. h. anhand eines nur im Geiste gegebenen Wahrheits- oder Ideenreiches) alles Erlebnis zu Wirklichkeit d. h. zu Werklichkeit *auszuwerten*.

Nur der Mensch hat *Richtmaße*. Nur der Mensch übt Zucht.

Eben damit aber entquillt der Menschwerdung der *Keim unabwendbarer Entzweiung mit der Erde*. (Worauf die Sage vom Sündenfall deutet; denn das Wort Sünde [Schisma, sectio] heißt: Zwiespalt oder Zwieheit.)

Vom Standpunkt des urteilenden Geistes aus ist immer irgendein Teil des Gegebenen verboten und minderwertig.

Vom Standpunkt des Naturgegebenen aus wirkt der Geist immer irgendwie auslesend, übersehend, vergewaltigend.

Der Einklang beider bleibt beständig Forderung der Menschentat. Aber er ist nicht die *gegebene* Tatsache.

*

Mein heidnisches Bekenntnis (gegen Christus, gegen Buddha gerichtet!) soll nunmehr von einer anderen Seite her beleuchtet werden: von Seite des zweifellos drohenden christlich buddhistischen *Welttodes*.

Der Gedanke an ein Welt- oder Menschheitsziel taucht auf um 500 vor Beginn der europäischen Zeitrechnung. Damit beginnt ›die Kultur‹. Damit beginnt das Weltalter des Humanismus. Seither steht nicht im Mittelpunkt der Zusammenhang mit dem Weltgrund (brâhma). Sondern die Frage nach dem *Sinn.* Nicht das Leben, sondern der *Sinn* des Lebens! Das heißt seine Sinngebung durch den Menschen. Der natürliche Mensch *lebt* metaphysisch; der naturentfremdete *denkt* ethisch.

Pythagoras, Sokrates, Laotse, Konfutse, Buddha (Fu) werden wirksam um dieselbe merkwürdige Erdspanne. Der bewußte, wachrechnende *Wille* einer zielstrebig arbeitenden menschlichen Gesellschaft tritt heraus aus der nur unbewußt schöpferischen Gemeinschaft mit der Natur. Damit aber ist beschritten der Weg zum Ende. Zur Vollendung.

*

Der große Urwiderstreit (Hie Leben – Hie Geist) läßt sich am einfachsten und schlichtesten begreiflich machen an dem Gegensatz der hinduistischen Lehre vom âtman (Mara)[1] und der buddhistischen vom Weg und Ziel der Lebensüberwindung (nirvâna).

Der ältere Veda lehrt: Sansara (d. h. die in die Sinne fallende Welt) ist Ausdruck einer vorbewußten, über- oder unbewußten *Bildkraft* (pradjâpati).

Diese Bildkraft nun ist gleichartig dem Träumen: dem hervorquillenden Gestaltenwandel im Schlaf (mâya).

Aus dieser Zeit der frühen Mâyalehre stammt folgende Erklärung des Gaudapâda (zu Mândukya-Up.): ›Des Träu-

1 Mara, ein alter Name des Lebensgottes, ist auch der Name des Versuchers, der dem Buddha unterm Erkenntnisbaum, der S. 65 erwähnten Baniane, naht und endlich auch der hebr. Name des bitteren Wassers in der Wüste, welches Moses schon über tausend Jahre vor Buddha für Menschen trinkbar gemacht hat.

mens Zustand und des Wachens ist das Selbe. Es ist nicht das wahrhaft wesenhafte Sein. Es ist zeitlich, endlich und verfließend.‹

Der Veda betrachtet also die Welt als ein Reich bloßer Erscheinungen. Das liegt auch im Worte Sansâra, welches man treffend verdeutschen könnte (wenn eine kühne Wortschöpfung gestattet ist) als: *die Bilde.*

Als Träger der Bilde gilt Wind, Hauch, Odem (âtman, prâna); hebr. ruach = Lebenshauch.

Dies nun wäre die frühe Einheitslehre der ersten brahmânas (1000 bis 500 v. Chr.). Aber sie ging bald über in das schon zweiheitliche Sânkhyam (das Wort heißt: Spekulation). Als erster spekulativer Philosoph wird genannt der zweifellos mythische Kapila (um 500). Jetzt ist das Einheitsgefühl gelockert. Der grübelnde Mensch steht der Natur *gegenüber.* Sie ist: ›das Objektive‹. (Das ständige Beiwort für das Objektive ist: das *leid*gebende.)

Dieser Bruch, diese Zweiheit, dieses Feindseligkeits- und Leidensbewußtsein wird aber endgültig, als der Buddha auftritt, der Erwachte und Erweckende, der *wachste* aller Menschen, der größte Meister des *Geistes.*

Seine Lehre erwächst aus dem Bruch und ihr Ziel ist die Überwindung des Bruches. Aber dieses Ziel erreicht er nicht mehr dadurch, daß das Leben den Geist, Natur den Menschen wieder-eintrinkt, sondern dadurch, daß im Geiste das Leben zur Erfüllung kommt, daß der Mensch der *Sinn* der Natur wird, darin die Natur sich von sich selbst erlöst. Wie die nur traumhaft bildende Gewalt des âtman im Geiste abzutöten, wie das Leben durch Bewußtwerden zum Erlöschen zu bringen und mithin seine Leidensnatur zu überwinden sei, das will der Buddha die Menschen lehren.

Das Endziel nennt er: nirvâna ... Freilich! Der genau tausend Jahre vor Schopenhauer geborene Cankara, der erste Vedantist, schildert die ›Verneinung des Willens zum Leben‹ als das schöne Traum- und Glücksland, genannt Advaita.

Buddhas Endziel aber sollte man zweifellos, klar und reinlich bezeichnen als: *den Tod Sansaras am Geist* (la fin du monde par la science).

*

Für unsre ›*panische Philosophie*‹ zeugt ein Umstand, auf den ich nur die nachdenklichsten meiner Leser behutsam aufmerksam mache, weil er in eine gefährliche Tiefe deutet.

Was ist das Wesen der buddhistischen wie der christlichen Mystik?

Das Wort Mystik kommt von μύειν, abschließen. *Was* wird abgeschlossen? Der Odem (âtman)!

Zu jedem Akt des Geistes (Aufmerken, Wollen, Nachdenken, Sichsammeln) muß man den Atem anhalten.

Diese Kunst der Abschnürung des ein- und ausströmenden âtman wird in allen Mystikerschulen gelehrt. Äußerlich (aparâ) dienen ihr die Kasinaübungen; von innen (parâ) das Râja-Yoga und Turîya (hellwachendes Überbewußtsein).

Die vollendete Abschnürung aber wäre die vollendete Unterbindung alles Blut-, alles Weltkreislaufes. Sie wäre das erreichte Nirvana.

*

Was im Buddhismus und im Christentum der Welttod ist, das ist in der vorbuddhistischen, vorchristlichen Mystik: Tod des bewußten *Geistes*. Das will sagen: Buddha und Christus geben das Leben auf, um das *wahre* Leben, das Sein im Geiste zu gewinnen. Das Heidentum dagegen gab den Geist auf und *an* das Leben *dahin*.

Ich will das erläutern an der sogenannten vierten djhâna, im Chinesischen das ›Zen‹ genannt. Dies soll der erhabenste und höchste Zustand sein, dessen die Seele (nach Durchlaufung dreier anderer Zustände) schließlich fähig wird. Er ist das Ziel der alten Atman-Mystik, der Mystik der Jainasekte, wie der Lehre des Yoga. Was ist es? Ein Jenseits von Ich und Du! Ein Jenseits von Subjekt und Objekt! Der unbewußteste entspannteste Zustand des Verlöschens! Das Aufhören des menschlich-geistigen Selbstwahns (ahamkâra)... Es handelt sich um die allerursprünglichsten und natürlichsten Erlebnisse, auf welche unsre sog. Ahmungskunde wieder zurückgreift.

Für diesen entspanntesten Zustand tiefschlafenden Verlöschens ist das alte Sanskritwort yuktâtmânah bezeichnend. Es bezeichnet die Vereinigung mit der Weltseele und heißt wörtlich: angeschirrtes Selbst.

*

Was macht Buddha daraus? Was Christus?

Bei Buddha ist nirvâna, djhâna, yuktâtmânah, ἅπλωοιν der äußerste Gegensatz zu allem Quietismus und Sufismus. Buddha ist der stärkste *Willensmensch* aller Zeiten. Sein Ziel ist die letzte Tat der angespanntesten, abgeschnürten Wachheit. Die letzte Tat der verinnernden Selbst*besinnung*.

Und Jesus? Ach! Jesus floh nicht nur zum heiligen *Geist*, sondern zum *persönlich* heiligen Geist! Für ihn ist das Jenseits die (eschatologisch) geistige Erweckung des *wahren Selbst*. Das heißt ein schließliches Lossreißen des ›Geistes‹ von seiner ›Fessel‹. Vom ›Fleisch‹. Vom ›Staube‹. Von der ›Frau Welt‹. Vom ›Irdischen‹. Vom Atman.

Ein christlicher Mystiker nennt ungemein bezeichnend das Erwachen ins ewige Leben: *den großen Ruck*. ›Der Geist‹, viel zu stolz im Tode wieder ins Unbewußte zurückzusinken, reißt sich vollends los; fliegt davon.... Die modernste Formel des Christentums lautet ›Der Einzige und sein Eigentum‹.

*

Ich wiederhole: Christus und Buddha haben das Band zerrissen. Ihr Werk ist: die Kultur. Ihr Werk: der Fluch der Kultur.

Die sinnlichen Naturgötter, Asuras und Gandharven wurden genau wie die altgermanischen Götter von den Bringern der ›Erlösung‹ zu Teufeln erniedrigt.

Aber das Lebendige in uns, das noch nicht von der Kultur verschüttete, spricht mit vollem Recht folgendermaßen:

›Alle Ihr Parakleten des Abendlands! alle Ihr Jina im Morgenland! alle Ihr Geistigen und Wollenden, Erlösenden und Predigenden! Ihr seid der Erde wahre Teufel. Ihr seid die machtwilligsten Quälgeister! *Kein blutiges Opfer des Heidentums gleicht an Grausamkeit der Vergeistigung der Erde. Keine Roheit der Vorwelt war so lebensmörderisch wie die Geschichte der Verchristlichung.* Ihr wähnt das Weltall zu Euch erlösen zu müssen. Aber das Leben ist doch stärker als Ihr. Zuletzt erlöst all Euer Tun nur das Weltall *von* Euch. Ja, was in Euch noch lebendig und ursprünglich ist, das sind die Reste des alten Heidentrotzes!‹ (Vielleicht in Formen des Atheismus, Materialismus, Monismus usw.)

*

Wir stecken im logisch-ethischen Humanismus (zumal im lutherischen Norden) so tief darin, daß wir zum vorchristlichen Lebensgefühl wohl überhaupt keinen Zugang haben.

Es steht nicht in unserer Macht, dem Lebenstod am Geist zu widerstreben. Gehn wir also weiter diesen Weg zum Tode! Er führt doch nur *zurück* ins Leben!

Mit seltenen Ausnahmen einiger ganz tief lebensnaher Seelen (in Deutschland etwa Goethe, Nietzsche, Hölderlin, George) ist die heidnische Wurzel in *Blätterfülle* verschossen.

Erschreckend offenbart unsre Blütenleere jenes schöne Schrifttum, welches gegenwärtig wieder üppig aus der alten Wurzel hervorwuchert. Eine *Predigt:* Natur, Liebe, Allgefühl (die ständige Predigt der Christenheit) ist kein natürliches Leben. *Der vielgeschmähte ›Intellektualismus‹ ist natürlicher, lebensnäher, unmittelbarer.*

*

Aber man muß die Wunde offen halten, wenn der Krankheitsstoff aus dem Leben ausscheiden soll. Hie Leben – hie Geist! Die Krankheit bildet die Perle. Man muß die Wunde offen halten.

*

Nunmehr möchte ich noch einige Ergänzungen beifügen über das Verhältnis der Kulturmenschheit zu Tier, Pflanze und Element.

Wir bewegen uns in dem merkwürdigen Irrtum, daß der Naturmythos (also z. B. die Götterwelt der Griechen, Inder, Germanen) eine Verpersönlichung der Naturkräfte umkleide. Aber ›Naturkräfte‹, das sind wissenschaftliche *Annahmen*. Man kann sie denken. Aber man kann sie nicht *erleben*. Das sinnfällige Naturkind erlebt ganz leibhaft die chtonischen Dämonen. Unsere Abstraktion bietet von diesen Erlebnissen nur blassesten Abglanz. Wir sagen: ›man hat zur Sonne gebetet‹. In Wahrheit betete man zum leuchtenden (Savitar), zum strahlenden (Surya), zum wärmenden (Adiya), zum nährenden (Pushan), zum glühenden (Tejas), zum fallenden (Rudra), zum zuckenden (Indra), zum feurigen (Agni) (Gâyatâ-Rigv. 3.62). Ja, jedes einzelne Opferfeuer hat besondere Namen und erfährt persönliche Pflege. So in der köstlich anmutigen Chândogya-Up. des Sâmaveda beginnen die Opferfeuer dem Brâhmaschüler die Geheimnisse des Weltalls auszuplaudern und im Chore zu singen. Man denkt an Goethes schöne Zeile:

> Wir sind gewohnt, in Sonn und Mond,
> Wo es auch thront, hinzubeten. Es lohnt.

*

Um die Tierliebe des Abendlandes zu erretten, benutzt man gewisse Hauptstellen des Pentateuch und der vier Evangelien, wie z. B. das schnöde: ›Der Gerechte erbarmet sich seines

Viehs‹, oder das noch schnödere evangelische Gleichnis vom guten Hirten. – Ja freilich! Der Mensch ermächtigte sich zum Hirtenamt über die Erde. ›Weide meine Lämmer.‹ Und der gute Hirte sorgt denn auch für seine Herde. Aber wozu? Weil er die Herde scheren will und zuletzt frißt. ... Wie merkwürdig! Wenn im Abendland die Tiere sprechen, dann beginnen sie – zu rechnen! ... Vollends unsre arme Blumenwelt! Während man in China und Japan schönen Blumen mit Verbeugungen naht wie Königinnen, oft sogar Denkmäler erbaut für einen verstorbenen Chrysantemum- oder Kirschblütenzweig, bemüht sich das Abendland, ganze Wagenladungen gequälter Blumen, als Köpfe ohne Leib, in Prunkvasen zur Schau zu stellen. ... Ein Gipfel der Ausbeuterei sei noch erwähnt: der 1921 ins Leben getretene Verband der Compania Ballerena in Sandy-Bai westlich von Algeciras, welcher bezweckt, nun auch in den afrikanischen Gewässern das letzte Leben zu vernichten. ... Um eine Ahnung zu gewinnen von der unheilbaren Naturausräuberei durch den westlichen Kapitalismus durchblättere man das weitläufige Werk von Gustavus Myers: ›Geschichte der großen amerikanischen Vermögen‹ (deutsch 1916). Man sieht, daß der gerühmte Siegeslauf der Industrie eine lange Kette war von Piraterei und Tücke. Das Wort der ersten Kommunisten: ›Eigentum ist Diebstahl‹ ist viel zu milde. Jeder Groschen der modernen Weltwirtschaft ist stoffgewordene menschliche Gemeinheit. Alle dies Werktum schützt und verlängert das Menschenleben, indem es zuschüttet des Lebens Abgründe und vergessene Tiefe.

*

Endlich noch ein Wort über den Tod der Gemeinschaft an der Gesellschaft. ... Eine Million Albaner, eine Million Armenier, eine Million Juden sind in den letzten Jahren wehrlos und aus reiner Machtgier im Angesicht der Kulturwelt abgeschlachtet. Wir standen daneben und sagten: ›Was geht's uns an?‹ ... Während die Sprachen des Morgenlands begreifen, daß das dauernd und einzig wesenhaft Lebendige die vorbewußte Naturgemeinschaft ist, bleibt es der ›modernen Gesellschaft‹ vorbehalten, das Verhältnis auf den Kopf zu stellen: mithin das ganze All zu erläutern aus dem *Bewußtsein* heraus; als ›den Inhalt von Bewußtsein überhaupt‹ (Kant) ... Ja! die eigentliche Sprache des Rechnens und Denkens, das Englische schreibt grundsätzlich nur zwei Worte groß: Gott und Ich. Und sie sind tatsächlich das Selbe. Der abendländische Gott ist das Menschenich. Nicht mehr findet man wie die Weisen der Vorzeit in seinem Ich das All. Nein! Ganze Herden von Schöngeistern und Professoren, Begriffler, Geistler, Vernünftler benützen das gesamte All als den Spiegel für das menschliche Ich. ... Einzig im russischen Menschen lebt noch ursprüngliche Gemeinschaftsseele, wie einst im buddhistischen sangha, einst im jüdischen Urchristentum. Im Russischen bedeutet das Wort ›Mir‹ zugleich Gemeinschaft und Weltall. Es ist das alte griechische Wort Moira. (Im Indischen ist Meru, im Hebräischen Neru der Name für den ›Berg der Gemeinschaft‹, für das All.) Ich grüße meine Leser in *Rußland*.

*

Als Gleichnis für Fluch und Segen der Kultur diene uns der heilige Baum des buddhaisierten Indien: die Baniane. Das ist ein hoch nützlicher Feigenbaum. Er liefert Kautschuk, Gummi, Bast, Lack, Wachs, eßbare Früchte und eßbare Blätter. Aber mit Tausenden Luftwurzeln überwuchert er ganze Wälder. Er trägt seinen Namen vom Handelsstand. Denn die Kaste der indischen Kaufleute, die Bunians, pflegt unter diesem Baum zu beten. Auch der erfolgreichste Theosoph Amerikas, John Bunyan, führt den Namen dieses Baums, welcher die Natur verbraucht bis auf den letzten Halm, aber der Schutzgott des Menschen ist.

*

Verlorener Seelen unermeßliches Gewimmel ... abergläubisch, dumpf, unterdrückt, hoffnungslos und hilflos vor der Kultur und ihren Kräften und doch das Herz der Erde und das Blut ihrer alten Gemeinschaft, ... das ist China! das ist Indien!

Lebemaschinen, geschniegelt und seelenroh zugleich, selbstbewußt und selbstgerecht alle Werke der Geistigkeit aufsammelnd, genießend und erschaffend, als Eroberer und Herrenmenschen die ganze Erde übermächtigend, dank der bloß werktümlichen Überlegenheiten, ... das ist Europa! das ist Amerika!

Für den abendländischen Menschen ist kein Wort so kennzeichnend, wie (das in allen Reisebüchern wiederkehrende): ›Ich bin Jäger und – Naturfreund.‹

Der ›Gebildete‹ Europas ist der schlimmste Seelenbarbare. Im Chinesischen heißt der Gebildete Konzu. Das ist das deutsche Wort König. Es bezeichnet den freien Menschen.

*

Ja! Es versteht sich von selbst und sollte nicht erst gesagt werden, daß unser Gegensatz Leben und Geist kein schlechthiniger (absoluter) Gegensatz ist. Denn nur das Denken von Leben, nicht das Leben selbst birgt einen Widerspruch. Auch der Geist und der gesamte Inhalt des Geistes, mithin die ganze sogenannte Weltgeschichte und alle Gegenstände menschheitlichen Bewußtseins und dieses Bewußtsein selbst ist immer auch ein Teil des Lebendigen. Aber dieser Teil hat sich als *denkendes* und *wertendes* Leben selbstgerecht (idiotisch) vereinzelt. Es hat wollend und wertend die Fühlung verloren zum Außer- und Übermenschlichen, Außer- und Überbewußten. Und dies kommt eben darin zum Ausdruck, daß die Menschenwelt des christlichen Zeitalters sich selber wesenhaft wichtig nimmt. Sie will im Kern nur Zweierlei. Erstens die Minderung der menschlichen Not. Zweitens die Steigerung des menschlichen Selbstgefühls. In uns hat sich das

Leben starr verdinglicht zur Raum-Zeit-Ursachen-Wirklichkeit. Wir kennen und wissen nur das menschheitliche Universum. Aber das Leben hat viele und immer neue Multiversa. – Gewiß! es ist wohl schwerlich zu bezweifeln, daß auch alles für den Menschen Sinn- und Bedeutunggebende schwellenunterbewußt schon Element des Lebens ist. Aber es liegt doch nicht im Leben *als* Sinn, *als* Bedeutung! Als solches hebt erst menschliches Bewußtsein es aus dem Urelement hervor und kehrt damit den Geist *wider* das mütterliche Element. ... Die Tatsache, daß für uns die *Welt* des Geistes das Wertvolle am Leben und mithin wertvoller als *das* Leben ist, darf uns nicht vergessen machen, daß jenseits menschlicher Geisteswelt Sinn wie Unsinn gar nicht da ist. In diesen Kämpfen Leben und Geist erringt das Leben seine billigsten Siege. Es wächst wieder hin über Wert und Geist, wie bald Wald rauscht und bald Meer tobt, wo heute noch angebeteter Städte Paläste ragen.

*

Schon die älteste Schöpfungsmythe, der herrliche Hymnus des Rigveda äußert den Zweifel, ob Manas (Geist) aus sich herausgestoßen habe das Leben (Kama) oder ob Kama aus sich hervorquellen lasse den Manas. Wer hat den Vorrang: Liebe oder Vernunft? Fünfhundert Jahre nach der Rigveda wiederholen die Upanishads dieselbe nur mit dem Untergang der Erde verstummende Menschenfrage. Nunmehr aber lautet sie: War Prana (das Leben) vor Prajna (Bewußtsein)? Oder ist mit Lebenselement (pranâtman) auch schon gegeben Bewußtseinselement (prajnâtman)? Damals gefiel man sich in dem Wortspiel prâna-prâjna; und manchmal (z. B. Ait. 3.3), wenn Bewußtsein und Sein gleichgesetzt werden, glaubt man schon zu hören unsre abendländischen ›Fachphilosophen‹.

*

Der Trug der Philosophie (›Sein heißt Gegebenheit von Bewußtsein‹) begann in Europa mit Augustinus und gipfelte in Descartes. In Indien siegte er dank der Vedantaphilosophie. (Cankara, 800 n. Chr.) Heute beginnt dieser Wahn durchschaut zu werden. Dafür aber stieg ein anderer empor. – Verabsolutierte man früher den Logos, so verabsolutiert man heute den Wert. Man verlegt das Wesen des Lebendigen ins Wollen und Werten. Aber auch dies ist eine freche Vermenschlichung. Sie verwechselt formendes Leben mit Willensentscheiden der Menschen. Und so gewiß es ein Mißgriff ist, das Lebenselement (âtman) dynamisch aktivistisch vorzustellen als Wollen, Begehren, Bewegung, so gewiß ist es ein *Verbrechen:* die neue Scholastik und logomathische Inzucht der deutschen Professorenklüngel auszuspielen als das Zeitlose und das Ewige wider ›bloßes Leben‹ ... Wir haben ja diese formalen und logomathischen Helden in der Elendswüste des Krieges erlebt. Wir erfuhren ihre ›Ethik‹. Wir wissen Bescheid.

*

Verkennen wir nicht, daß die älteste Weisheit Indiens eine ungeistige (Nietzsche würde sagen dionysische) dumpf-unbewußte Weisheit war. Wir sehen sie in Deutschland mit den Augen Paul Deussens. Und der wieder sah durch die Augen Schopenhauers. Aber in diesem Fall mußte dieses genialste Auge irren. Es hat der Erde unmittelbaren Lebensausdruck christianisiert. Schopenhauer legt hinein eine ›Geisteswelt‹, welche den humanen, von der Natur abgelösteren und darum mitleidigeren Zeiten mählich entwuchs. Er hat nicht den Gegensatz von Hinduismus und Buddhismus gesehn.

*

›Verneinung des Willens zum Leben‹ ..., wo in den Mantras steht das? Überall wittert man die Spur der Lebenswollust

(Rigv. 7.89). Im arischen Zeitalter war brahma-nirvana (im Arab. Fanâ) nichts als jene selbstverständliche Lebensbejahung, von welcher Zarathustras Stundenlied singt:

Weh spricht: Vergeh!
Doch alle Lust will Ewigkeit.

Eine der ältesten Upanishads nennt den letzten Tod (Buddhas cetovimukti) den Eingang ins ânandamaya âtman; das heißt wörtlich: Wollustwesen des Lebens-selbst. In einer anderen Up. führt der Welttod den Namen Tadvanam (d. h. Nach-ihm-das-Sehnen). Immer war Tod umflossen von den Zaubern des Eros. Selbst noch in der Lehre von Buddhas großem Gegner Jina. Aber der Buddha siegt und nun wird das Weltende zur asketischen Aufhebung der Willenslust (yatra kâmâpanâgatât). Nun beginnt die Geschichte der Vermenschlichung des Lebens. Nun setzt ein die entsinnlichende – abgeleitete – logischethische – verfluchte Kultur! Seither wurde die Natur ›entbuttert‹ (Atharv. 13.1).

*

Erst für Buddha und Christus gibt es Erlösungswerden, Erlösungsgeschichte, Erlösungsziel. Für den Veda geschieht, was auf ewig und seit immer ist. Durch Buddha und Jesus wird Erlösung (moksha) in der Zeit und durch Geschichte ›errungen‹ (videhamukti d. h. Erlösung durch ein anderes, ein Jenseits). Im arischen Zeitalter dagegen *hat* alles Erlösung, insofern es ja wesenhaft atman ist. (jivanmukti d. h. das bei Lebzeit Erlöste.)

Alle Wesen sind ursprünglich
Frei von Dünkel, fleckenlos,
Urerweckt schon, urerlöst.
(Gaudapâda's Karika.)

Wir sehen dieselbe Entwicklung am Juden-Christentum. Als Moses (2.3) Gott fragt, wie er ihn nennen solle, da antwortet Gott: ›Ich *bin.*‹ Aber Luther übersetzt: ›Ich werde sein.‹

*

Freilich! Die Zweiheit Leben – Geist wühlt, nagt, bohrt unterirdisch schon in unseres Geschlechtes ältesten Urkunden. Das ist das Kainsmal der Menschwerdung. Aber erst im klassischen Zeitalter Indiens klaffen Natur und Mensch scharf auseinander. Im sogen. Sankhyam (Reflexion)! Dies ist das Urbild aller zweiheitlichen Systeme. Und dann kommt der Mensch, der Menschenerretter. Der Erweckte, der Buddha. Dieser größte Trostmeister der Menschheit wagt den klaren Entscheid. Er entscheidet für die Leidenden. Er erlöst die unterdrückten Rassen, die Cudras. Noch heute hungern in Indien siebenzig Millionen Tschandala. Was hilft ihnen die Lebensreligion? Sie bedürfen der Ethik. Damit aber ist Buddha der erste Anti-Arier. Die Buddhalehre, gleichsam der Sozialismus Indiens, ballt sich zusammen um den einen Kernbegriff: Erlösung. Diese Erlösung (Nirvana) ist aber keineswegs die Auflösung und Rückkehr des Geistes ins Lebenselement, sondern umgekehrt das Aufgehn des Lebens in den Geist. Buddha liebt nicht das Leben. Er wertet es. (Wie alles Leiden werten *muß.*) Buddha *denkt.* (Weil alles Leiden denken *muß.*) Er ist das wollende und wissende Genie der Menschheit. Diesen Humanismus aber vollendet Christus. Aus der leidendsten und darum geistigsten Volkheit hervorgeboren – (bis zum Auftreten Christi liest sich die Geschichte der Juden wie das Tagebuch eines Henkers und doch beginnt erst 70 n. Chr. ihre eigentliche Martyrologie) – pflanzt er das Kreuz, das Gleichnis der Gebrochenen. Wenn aber Religion ist selbstverlorenste Dünkellosigkeit, dann ist das Christentum das Gegenteil der Religion. Schon in der Gnosis heißt Gott der vorseiende Mensch (proon anthropos). Und wie bezeichnend ist es, daß man gegenwärtig sogar das harmlose Wort Theosophie umwandelt in Anthroposophie. Zweifellos aber siegt auf der Erde der Mensch und die Kultur. Die ganze Erde wird Christus. Wie aber urteilte 400 v. Chr. ein chinesischer Denker? ›Ehe nicht alles, was da als Kultur Geltung genießt, von der Erde verschwunden ist, vorher wird man einander nicht mehr verstehn.‹ (Dschuang-Dsi.)

*

Wir stellen daneben das Urteil eines christlichen Gottesgelehrten: ›Ja, es mag sein, daß das Morgenland ursprünglichere Lebensgefühle besaß, aber erst Christus lehrte die Ehrfurcht vor allem Leben. Der Paganismus offenbart wohl das Alleben, aber wir wollen der Welt tätig helfen.‹ ... O ja! gewiß! Darum weil Christus Geist und Ethik ist. Und die beste Ethik der Welt wäre, wenn wir sie wirklich dar*lebten* und nicht nur dar*lögen*. Aber auch die edelste Sittlichkeit ist Damm der Menschheit *gegen* das Leben. Sie ist das Notwerk der Schwachen, in denen allein der Geist und des Geistes Hochmut mächtig ward. Im schlechthin Seienden ist wenig Anlaß zu Eurer alttestamentlichen Furcht oder neutestamentlichen Ehrfurcht. Wir sind was wir fürchten und was die Ehrfurcht gibt.

*

Verschüttet weiterhin die Seele unter den Aschenbergen Eurer Wissenschaft und Willenschaft. Unter den Scherbenhügeln Kultur, Literatur, Makulatur. Mordet nur, mordet mit immer neuer Werklerei, Begrifflerei, Könnerei. Mit Worten, Werken, Werten. Wie lange noch? Eine neue Jugend schüttelt von sich Christentum samt Kultur, Humanismus, Fortschritt und Wissenschaft. Dann erst hat sie den Weg frei zum Leben. Und keinem Erkennenden braucht gesagt zu werden, daß dieses Lebendige nicht wollendes, nicht wertendes Leben ist, daß es weder zusammenfällt mit irgendeiner Vitalität noch mit des Menschen empirischem Sein.

> Nicht durch die Tugend erragt ihr sein Wesen
> Nicht durch den Geist und viele Schriftgelehrtheit,
> Nur wens erwählt von dem wird es begriffen
> Und nur ein Leben offenbart das Leben.
>
> Kath. Up. 2.33.

*

Die grauenhafte Hölle zweier Jahrtausende liegt hinter uns. Ist aber dieses Meer von Blut, von Schweiß und Tränen nicht dazu vergossen, daß eine bessere Welt der Gerechtigkeit, der Güte und der Brüderlichkeit erstehe, dann ist die Erde so todesreif als todeswert. Und sie ist es sicher, wenn nicht der Mensch der abendländisch-christlichen Kultur durchschauen lernt, daß die Wunden, die er mit seiner Kultur zu heilen gedenkt, eben von dieser Kultur selber geschlagen sind. Diese Erkenntnis erst bringt zur Ruhe den ewigen Juden, den ›Geist‹, den ›Menschensohn‹. Und damit werde zum Schlusse fernstes Geheimnis angedeutet. Vielleicht war dennoch der Natur verlassenstes Stiefkind von allen ihr liebstes. Sie opfert sich in ihm, indem es sich *ihr* opfert. Denn Kultur ist Vereinzelung (Idiotie) der weißen Menschheit.

Elisabeth Lenk

Fortschritt ist wachsender Tod: der Unheilsprophet Theodor Lessing*

* Der hier vorliegende Text ist 1979 als Porträt-Essay in der ZEIT erschienen.

Max Weber beschreibt in seiner Studie über das antike Judentum die seltsamen Gestalten der Unheilspropheten. »Ungebeten und von sich aus getrieben schleudern sie ihre furchtbaren Orakel der Hörerschaft entgegen.« Man täte Theodor Lessing Unrecht, wenn man ihn einfach als Opfer, Opfer der deutschen Borniertheit, des Antisemitismus und Antiintellektualismus hinstellen wollte. Er hatte die unheilvolle Gabe, Widersprüche, die erst später ins Bewußtsein treten sollten, um sich herum zu entfesseln. Wäre Lessing Mitglied einer politischen Gruppierung oder Partei gewesen, so hätte man ihn zweifellos nicht so sang- und klanglos aus der Universität entfernen, in der Öffentlichkeit unmöglich machen und schließlich ermorden können. Aber er war allein, so allein, daß sich unterm Schutz des Prorektors 1925 ein Komitee zur Bekämpfung von Theodor Lessing bilden konnte, daß Rektor und Senat ohne weiteres seiner Suspendierung zustimmten. Nur eine verschwindend kleine Zahl von Hochschullehrern und Schriftstellern in ganz Deutschland protestierte damals, von den Studenten zu schweigen. Am Tage, da der Reichsfeldmarschall Hindenburg zum Reichspräsidenten gewählt worden war, veranstalteten Hannoveraner Studenten einen Fackelzug zu Ehren dieses Ehrendoktors ihrer Universität. Anschließend zogen sie vor Theodor Lessings Wohnung und pfiffen ihn, den Spielverderber, aus. Seinetwegen kam es zu Streiks, ein eigens hierfür von der Bahn zur Verfügung gestellter Sonderzug brachte die streikenden Hannoveraner nach Braunschweig, wo sie von ihren Kommilitonen jubelnd begrüßt wurden. »Jagdszenen aus Niedersachsen«, sagt treffend Hans Mayer in dem Essay »Theodor Lessing«. Es entsteht das Bild eines negativen Konsens, der dem negativen Konsens gegen die »Terroristen« und ihre »Sympathisanten« nicht unähnlich ist. In dem gegen Lessing hetzenden und keifenden Chor sangen die Deutschnationalen, die Nationalsozialisten (allen voran der Germanist Goebbels), sang aber auch der deutsche »Pöbel der

Gebildeten« mit. Doch sollte man bei den politischen Peinlichkeiten des »Falles« nicht stehenbleiben. Sie haben nämlich ihre Wurzeln in einer tieferen Schicht.

Man hat Lessing mit Karl Philipp Moritz verglichen, seine Autobiographie »Einmal und nie wieder« mit Moritz' »Anton Reiser«. Die Rolle Goethes hätte dann Thomas Mann spielen müssen; aber da hört die Analogie auch schon auf. Nicht nur hat Thomas Mann den Bedrängten nicht gefördert wie Goethe es mit Moritz getan hat, nicht nur hat er ihn nicht gegen die üble Nachrede der anderen in Schutz genommen, sondern Thomas Mann ist nachgerade als Vorsänger des gehässigen Chores aufgetreten. In seinem Pamphlet »Dr. Lessing« aus dem Jahre 1910 schreibt der schon damals berühmte Mann: »Woher nimmt dieser ewig namenlose Schlucker, dem die Trauben der Dichtung zu hoch hängen, das innere Recht zur Aggressivität und zur lyrischen Unverschämtheit?« Nach Thomas Mann hat nur derjenige dieses Recht, der zum »Richter der Zeit« berufen ist, der als »symptomatisch« und »repräsentativ« gelten kann. Durch welches Gottesgnadentum diese Ehre zuteil wird, wird allerdings nicht gesagt. Immerhin verrät er so viel, daß bürgerliche Wohlanständigkeit und Kinderstube Voraussetzung sind. Thomas Mann hatte damals, so schien es, ein für allemal das Urteil der Geschichte über Lessing gesprochen.*

Noch 1970, also 37 Jahre nach seiner Ermordung durch deutsche Faschisten in Marienbad, geht der Rufmord an Lessing weiter. Ungestört kann der Klagesforscher in dem seriösen Bouvier Verlag Bonn schreiben: »›Den werden Sie nie wieder los‹, sagte ein in der Lessingschen Psyche Erfahrener zu Thomas Mann. Genau die gleiche Erfahrung haben außer Thomas Mann noch zahlreiche andere gemacht. Und Lessing hat immer wieder Dumme (obwohl ein hohes Maß Dummheit dazu erforderlich ist) gefunden, die darauf hereingefallen sind; die ihm glauben; die ihn als beklagenswerten Märtyrer sehen. Er wird auch weiter Dumme finden.«

Die Weltgeschichte, so sagt man, ist das Weltgericht. Aber

wer richtet die Geschichte? Gibt es wirklich keine Berufungsinstanz? Das sind Fragen, die Lessing, nicht zuletzt aufgrund dieses vernichtenden Urteils aus berufenem Dichtermund, sich zeitlebens stellte.

Mallarmé hat in seinem Gedicht »Der Unstern« unabweislich und schneidend diejenigen unter den Opfern des »Menschenviehs« beschrieben, denen nicht einmal posthum Würde, geschweige denn Ruhm gegönnt wird.

Nein, niedrig, meist in Wüsten, die kein Wasser lecken
Treibt sie die Geißel Unsterns, ihres wütigen Herrn.

Lessing gehörte zu denen, die aus dem euphorischen Bund der Freude ausgeschlossen sind, denen man nichts gelassen hat, nicht einmal mehr eine Seele. Was ihn so unbeliebt macht, ist, daß er sich nicht heimlich aus dem Bunde stiehlt, sondern öffentlich die Wertung umdreht und die Leidenden, Unseligen, die »Invaliden« zu negativ Privilegierten erklärt.*

Noch den Verteidigern Lessings fällt es schwer, ihn einzuordnen. Man betont, er habe zwar politisch erstaunlich klar gesehen, etwa, wenn er in aller Entschiedenheit vor der Wahl Hindenburgs warnte, er sei überdies ein ausgesprochen wahrheitsliebender und selbstkritischer Mensch gewesen, was in seinen Lebenserinnerungen zum Ausdruck komme; was jedoch seine eigentlichen Ambitionen betreffe, daß er glaubte, literarisch oder gar philosophisch etwas zu sagen zu haben, sei eine liebenswerte Selbsttäuschung. Lessing hat Gedichte, Satiren, ja sogar Dramen geschrieben, hätte sich aber, selbst wenn Thomas Mann ihm diese Ehre nicht ex cathedra abgesprochen hätte, gegen die Einstufung als »Dichter« gesträubt. Aber auch ein Professor im üblichen Sinne war Lessing nicht. Über die Klüngel- und Vetternwirtschaft an deutschen Universitäten und über die selbstgerechte

* Die mit einem Stern gekennzeichnete Passage war von der ZEIT gestrichen worden. Eine Zensur fand natürlich nicht statt.

Mittelmäßigkeit seiner Kollegen hat Lessing, der immerhin 20 Jahre – unbesoldet allerdings – in Hannover lehrte, geredet, als gehörte er nicht dazu. Die »Würde« eines Durchschnittsprofessors kam ihm schon deshalb nicht zu, weil er gezwungen war, durch Schriftstellerei sein Leben zu verdienen. Überdies nahm er es sich heraus, öffentlich seine Meinung zu sagen, was damals wie heute einem Beamten ungern oder gar nicht zugestanden wurde. Sehr aktuell mutet es an, wenn Lessing im Jahre 1925 schreibt: »Gewiß, die Behörden und die Fachgenossen geben gern zu, daß auch ich das Recht habe, meine Meinung frei zu sagen; aber soeben noch hat der preußische Landtag konstatiert, daß ein Professor eine solche Meinung eigentlich nicht haben darf. Und wenn ich in dem großen Mordprozeß in meiner Heimatstadt, in dem Haarmann-Prozeß, jüngst die Wahrheit suchte, so sagt man mir: dein Ethos ist ja gewiß menschlich und begreiflich, aber das preußische Kultusministerium muß leider bemerken, daß ein Beamter ein solches Ethos nicht haben sollte.«

Was immer er anfing, so konstatiert Lessing selbst, immer lautete das Urteil, das man seit seiner Schulzeit über ihn fällte, »nicht schulgemäß«.

Gerade das Nichtschulmäßige, Ungezähmte an Lessing war seine Stärke. Genial war er in den Charakterstudien, oder besser: in der leider so sehr brachliegenden Kunst der literarischen Karikatur; überall da, wo sein Ungezähmtes unmittelbar mit der Gesellschaft zusammenstieß also. Ihm ist gelungen, was den seriösen Literaten, die ihn verachteten, mißlang: unbefangen und spielerisch fast die deutsche Gesellschaft an ihren empfindlichsten Punkten zu treffen: am Punkt des fühllosen und daher letzten Endes geistlosen Geistes und am Punkt der geistverachtenden bieder-brutalen Macht.

Lessing ist Psychologe in dem Sinn, in dem Paul Rèe und Nietzsche Psychologen waren. Seine Psychologie ist ein Skalpell, das aber nicht zerstört, sondern genau die Linie des

Krebsgeschwürs Zivilisation nachzieht, da wo es ins Leben eingelassen ist. Er interessiert sich für die geheimen Triebfedern und Hintergründe des gesellschaftlich-geschichtlichen Handelns. Anders als die Psychoanalyse, von der Lessing schon damals kritisch sagte, sie sei eine Methode, die Widerstände gegen die gesellschaftliche Anpassung abzubauen, interessierte Lessing sich für die Verheerungen, die verselbständigte Formen des Geistes und der Vergesellschaftung in lebenden Menschen anrichten. »In diesem jungen Philosophen ist Kants Zweiweltentheorie verrückt geworden«, schreibt er in dem Buch »Jüdischer Selbsthaß« über Otto Weiniger, der nach der erfolgreichen Fertigstellung seines Buchs »Geschlecht und Charakter« 23jährig Selbstmord beging. Lessing zeigt die Verkrüppelungen der Normalität. Er schildert einzelne, die an ihr leiden, Typen, die den Widerstand aufgegeben haben. Der Karikaturist Lessing öffnet die Augen da, wo man sie üblicherweise schließt. Georg Simmel, dessen Denken Lessing gleichermaßen bewundert und kritisiert hat (»diese endlose, bis zur Raserei ungeduldig machende Begriffsschraube«) behauptete, nur der könne Gesellschaftliches adäquat erkennen, der selber vergesellschaftet sei, der »dazugehört«. Zugleich aber wußte Simmel, daß eben dies der Blick der höflichen Ergänzung, der Verschleierung ist: »Es gehen«, schreibt Simmel, »von der gemeinsamen Lebensbasis Suppositionen aus, durch die man sich gegenseitig wie durch einen Schleier erblickt.« Lessing hingegen, der den Blick des Nichtdazugehörigen, des Fremden hat, zieht den Schleier weg.

In der Satire »Samuel zieht die Bilanz« schildert Lessing in all seinen Verschlingungen von Person und Rolle den Typus des doktrinären, schulmeisterlichen, rechthaberischen und bücherweisen Kulturkritikers. Die komische Wirkung wird dadurch unterstrichen, daß dem Kulturträger eine Frau beigegeben wird: die völlig unterdrückte, ältliche, den Kritiker fütternde und ansonsten ehrfurchtsvoll zuhörende Schwester. Die »Dichter« kommen in dieser Satire kaum besser weg. Sie erscheinen als triviale Hochstapler, die wechselweise einander beweihräuchern, weil jeder im anderen den Geschäftsfreund sieht; als Leute, die ihren Namen der Geschichte aufdrängen, weil sie ununterbrochen am Fenster sitzen. Kein Wunder also, daß die Welt der schönen Literatur über dies ganz und gar nicht schöne Porträt verärgert war. Ende Januar 1910 war die Satire erschienen. Am 2. März antwortete Thomas Mann mit dem bereits erwähnten Pamphlet. Und im Gefolge Manns »fiel dann ein wütender Schwarm beachtlicher und unwichtiger Literaten und Journalisten über Lessing her«, ja die »Welt am Montag« verstieg sich bereits damals zur Mordaufforderung, wie Lessings Biograph Ekkehard Hieronimus berichtet.

Im Fall Hindenburg war es wiederum eine literarische Karikatur, die eine für Lessing völlig unerwartete, an kollektiven Wahnsinn grenzende Wirkung hatte. Hier bestand das Ungeheuerliche einfach in einer Zeitverschiebung, daß jemand vorher, bevor diese Pappfigur im Staatstheater auftrat, in humoristischer Weise eine Meinung äußerte, die heute jeder denkende Mensch teilt. Besonders frevelte Lessing, weil er sich unbefangen über die intellektuellen Fähigkeiten dieses pensionierten Feldherrn äußerte. Er schildert den »im Fasse des Ich eingespundenen« Typus des deutschen Mannes, eine geradlinige und beschränkte Gestalt, »die mit der ganzen Schönheit des Unwissenden durch Meere von Blut, durch Ströme von Galle, über Berge von Hindernissen kinderleicht hinwegschreitet, von ungeheuren Verantwortungen bedrückt und doch im Keime unverantwortlich«. Auch hier wieder hat Lessing die Rolle der Kulturträger, der Wissenschaftler diesmal, mit einbezogen. Er schreibt: »Bei Herodot steht eine hübsche Anekdote von dem lydischen Feldherrn Paphon, der nach einem verlorenen Kriege sich zum Trost hundert Papageien züchtete, die immerfort das eine Kredo riefen: ›Paphon ist ein Gott.‹ Hindenburg hält sich hundert deutsche Professoren zu diesem Zweck zur Verfügung.« Dieser subalterne Mann, so schließt der 1925 verfaßte Aufsatz, werde jedem zukünftigen Tyrannen, jedem »Nero« seine Dienste anbieten.

Lessings Unbeliebtheit hatte ihre Wurzel in seiner düsteren Lehre, und er wußte das. Er hat sich gern als Dichterphilosoph bezeichnet; und so sei einer der philosophischen Verse zitiert, die er in seine Schriften einzustreuen pflegte. Es ist der Vorspruch zu dem im Ersten Weltkrieg entstandenen Buch »Geschichte als Sinngebung des Sinnlosen«:

»Ihr lehrt: ›Der Mensch ist Leben.‹ Nein, sag' ich: Mensch ist Tod.
Ihr lehrt: ›Das Recht ist Liebe.‹ Nein, sag' ich: Recht ist Haß.
Ihr lehrt: ›Die Welt ist Gottes.‹ Nein, sag' ich: Gottes Wunde …
Wie darf ich mich beklagen, daß Ihr nicht hören wolltet?«

Ein Grundmotiv des Lessingschen Denkens, das, wie ich meine, erst heute seine ganze Aktualität enthüllt, ist sein Geschichtszweifel. Gewiß, schon Nietzsche hatte solchen Zweifel angemeldet und seitdem alle, die an der traditionellen Geschichtsschreibung aus der Perspektive der Sieger irre geworden sind. Man hat Lessing wie Nietzsche Zerstörung der Geschichte vorgeworfen. Aber sind wirklich diejenigen, die die Geschichte als Prozeß der Zerstörung entlarven, ihre Zerstörer? Unsere Interpretation der Geschichte ist, so Lessing, immer von einem Mythos bestimmt, von einem Mythos, dessen Grundstruktur sich seit Christi Geburt nicht geändert hat, an dem aber die Mächtigen und Machtwilligen je nach Bedarf fortspinnen. Das Grausige an diesem Mythos ist, daß er eingreift, daß er auf unwiderrufliche Weise unsere Wirklichkeit prägt und verändert. Lessing weist nach, daß der Glaube an die Geschichte die andere, irrationale Seite eines jeden Vernunftglaubens ist. Noch die skeptischsten Philosophen seien vor der Geschichte auf die Knie gesunken. So auch die deutsche kritische Philosophie. »Unerbittlich im Theoretischen, im Praktischen banal … so bekämpft der Deutsche den ›naiven Realismus‹ im Namen der Philosophie und dient ihm dann doch wieder im Namen der Geschichte.« Was nach der Entzauberung der Geschichte übrigbleibt, ist ein blutiges Gemetzel, das der Mensch (der Mann) seit Jahrtausenden veranstaltet, um sich selbst zu beweisen, daß Gott Mensch geworden, daß also der abendländische Mensch (der weiße Mann) Herr der Erde sei.

Das Gegenstück zu »Geschichte als Sinngebung des Sinnlosen« ist der »Untergang der Erde am Geist«, dies zuerst 1918 unter dem Titel »Europa und Asien« erschienene Buch, das Lessing unablässig umgearbeitet hat. Dem ideologischen Geschichtsbild einer auf ihr utopisches Ziel hinsteuernden Menschheit setzt er seine Darstellung entgegen. Er schildert denselben Prozeß aus der Perspektive der übrigen Erdbewohner: der Pflanzen, der Tiere, der nichtweißen Völker. Das Leben hat keine Geschichte. Das Lebendige hat kein Ziel. Das Wandellose ist nicht in der Zeit. Aber der Mensch hat dafür gesorgt, daß das Leben auf der Erde, auch das in ihm verborgene traumhaft-kreatürliche Leben, diese Geschichte als chirurgischen Eingriff erleidet, als ununterbrochene Qual. Lessing zitiert immer wieder das Wort aus Rousseaus Preisschrift: »Geist ist eingedrungen in die Natur, wie das Messer dringt in des Baumes Mark. Nunmehr freilich kann die toddrohende Schneide nicht aus dem Stamme herausgezogen werden, denn der Baum würde dabei verbluten. Aber niemand darf behaupten, daß ein Schwert im Herzen der Weltesche das Merkmal sei für Gesundheit.« Der träumende Geist ist an einer Stelle wachgeworden. Seitdem huschen wir, uns selber fremd, als geistige Schatten über die spiegelglatte Eisfläche »Zeit«. Der Mensch ist am Bewußtsein und das Leben am Menschen erkrankt. Aus Augen, die seit Jahrtausenden nicht ausschliefen, hält nun das abgeschnürte, überwache Leben Ausschau nach seinesgleichen. Lessing entwirft ein apokalyptisches Bild, nicht so sehr der Zukunft, sondern seiner Gegenwart. Er schildert die unheilbare Naturausräuberei durch den westlichen Kapitalismus. »Jeder Groschen der modernen Weltwirtschaft ist stoffgewordene menschliche

Gemeinheit.« Er schildert schlaflose Länder ohne Nachtigallen; Maschinen, die ununterbrochen über unsere schmerzenden Häupter und quer durch unsere besten Gedanken rollen. Er beschreibt die Großstadt als Hölle, von der die heilige Therese die Definition gab: »Dies ist der Ort, wo es stinkt und man nicht liebt.« Er beschreibt Wagenladungen gequälter, wurzelloser Blumen, Fischzüge und Vogelmorde, die »während eines einzigen Jahres so viele Leiden über die Erde bringen, daß das ganze Blutbad des europäischen Weltkrieges sich wie ein Kinderspiel dagegen ausnimmt«. Ganze Völker werden in die Wüste getrieben und vor den Augen der zeitungslesenden Kulturwelt abgeschlachtet. Aber nur, wenn die westlichen Völker sich untereinander morden, wird das Geschichtsbewußtsein aufmerksam. Das Leben hat keine Geschichte, und so verkehrt die Fortschrittsidee bei Lessing sich zur Lehre vom »wachsenden Tod«.

An der Entzauberung des Mythos Geschichte hat auch jenes nostalgische Mekka aller Vernunftgläubigen: die Aufklärung teil. Am Beispiel der Judenemanzipation zeigt Lessing das Problematische jenes Paktes auf, den die zielstrebig arbeitende menschliche Gesellschaft mit allen einzelnen und den die Kultur des weißen Mannes mit allen vorweltlichen Kulturen schließt: »Ihr braucht nur eure Tradition, eure Kultur, eure Überzeugungen aufzugeben, die ohnehin überholt und falsch sind. Dafür bietet unsere Güte und Freundschaft euch das schöne Europa und das große Amerika zum Vaterland. Ihr gebt eure Überlieferung auf und könnt so in die Überlieferung und Geschichte der großen abendländischen Nation hineinwachsen. Alle Unterschiede der Sitten und Religionen münden in die eine, die ganze Menschheit umfassende allgöttliche Vernunftreligion.« Soweit das Ideal, ohne welches in der Geschichte nichts geschieht. Das Betrügerische an diesem Pakt kam den Nachfahren Mendelsohns erst in dem Moment zum Bewußtsein, als die Gegenwelle des Hasses sie traf. Da fanden auf einmal die deutschen Juden sich vor, ihrer Eigenheit beraubt, in die Form des deutschen Geistes, die Uni-Form, gepreßt. Entfaltungsmöglichkeiten gab es für sie nicht mehr, aber auch der Rückweg war abgeschnitten. Immer aufs neue beschreibt Lessing diesen unlösbaren Konflikt: gehe ich zurück, muß ich verbrennen, gehe ich vorwärts, vergletschern.

Bewußtsein ist für Lessing das Absterben, Fühlloswerden von Leben. Geist ist gestautes Leben. Was nun aber verwundert, ist, daß Lessing den von seinem Denkansatz naheliegenden Gedanken einer periodischen Entstauung des gestauten Lebens ängstlich meidet. Zwischen dem kreatürlichen Leben einerseits und der weißen Flamme des Bewußtseins andererseits scheint es nichts zu geben, außer einer verkrüppelten Einzelseele, die auf die demütigende Rolle des »Geistträgers« reduziert ist. Mit einem Wort: Lessing kennt nicht den elementaren Stoff, aus dem die menschlichen Gesellschaften gemacht sind: die Subjektivität. Dieser Mangel, das harte Aufeinanderprallen eines bloß natürlichen Lebens mit den Spätformen eines fühllosen Geistes, zeigt sich kraß in jenem Zerrspiegel der Lessingschen Gedanken: an seinem Jugendfreund und späteren Widersacher Ludwig Klages.

Lessing hat nie einen Zweifel daran gelassen, daß der Mensch, jeder Einzelmensch, beides ist, Handelnder und leidende Kreatur zugleich. Erst das historisch-gesellschaftliche Rollenspiel verzerrt diese Perspektive. Es gibt Menschen in der Rolle des Henkers und Menschen in der Rolle des Opfers. Aber auch die Übernahme von Rollen hat Lessing niemals, wie es die Soziologie beschönigend tut, als »Spiel« aufgefaßt. Vielmehr ist die Rolle etwas, das alle wie den Einschnitt jenes Messers erleiden. Gefährlich aber ist es, wenn man die im Menschen tobenden, einander widerstreitenden Kräfte säuberlich auf verschiedene unveränderliche Menschentypen verteilt, so daß auf einmal kernig-schöpferische Seelenmenschen haltlosen Asphaltdenkern gegenüberstehen. Bis zur Konsequenz, daß man die Asphaltmenschen nur zu vertreiben oder zu beseitigen braucht, um endlich Ruhe zu haben, ist es dann nicht mehr weit. Die Institutionen profitieren davon. Noch immer, wenn man die Intellektuellen aus einem Lande vertrieben hat, sind die Kammerdiener der Kunst und die Kammerdiener der Wissenschaft übriggeblieben.

»Geist«, sagt Lessing, »ist immer ein Sprachrohr der Gruppe.« Die Tragik des Denkers Lessing war es, daß er an die Form eines Denkens, das er verabscheute, gebunden blieb. Was seine Feinde draußen nicht vermochten, hat dieser »Widerdämon« in seinem Innern zustande gebracht: sein Bestes zur Erstarrung zu bringen. In der fünften, völlig umgearbeiteten Auflage seines Buches »Europa und Asien« fehlt das Kapitel »Traum«. Statt dessen endet der immer kahler werdende Systembau mit dem Kapitel »Der Staat«. Je mehr Lessing die unregelmäßige Form: Aphorismus, Essay, Karikatur, zugunsten der philosophischen Abhandlung aufgibt, desto mehr affirmiert er auch inhaltlich, was alle Vernunftdenker denken. Die unheilbare Lage des Menschen, der sich im Laufe seiner Geschichte wie ein Todkranker hin und her gewälzt hat, endet auf dem Friedhof eines »idealen Überstaats«. »Das Lebendige hat keine Geschichte. Das Lebendige hat kein Ziel«, hatte Lessing gesagt. Um jedoch wirklich, um »Staat« zu werden, fordert der Geist das Opfer dieses absichtslosen, vorgeschichtlichen Lebens. Wie aber, wenn der Gott, dem jeder Zivilisierte sein anderes Ich zitternd darbringt, damit er seine Identität empfange, vor dem die Völker kriechen, der den Geist des Selbsthasses und der Selbstknebelung unter sie gebracht hat, nur eine Fiktion der Mächtigen und Machtwilligen wäre?

»In Wahrheit ist die dunkle Kammer, in der die reine Vernunft thronen soll, vollkommen leer.«

Im selben Verlag erscheint das Theoretische Werk von Georges Bataille in Einzelausgaben.

Bisher erschienen:

Georges Bataille
Die psychologische Struktur des Faschismus
Die Souveränität

Herausgegeben von Elisabeth Lenk. Nachwort Rita Bischof

Variationen zu einem Kafkaschen Thema: Ein Mann hat sich verirrt. Da er es eilig hat, sein Ziel zu erreichen, fragt er den Nächstbesten, der ihm entgegenkommt, vertrauensselig nach dem Weg. Der andere antwortet ihm und schickt ihn in eine beliebige Richtung. Der Mann befolgt den Rat, verstrickt sich dadurch aber nur noch tiefer in das Labyrinth. Flüchtig kommt ihm dies zu Bewußtsein. Um weiteren Irrungen zu entgehen, fragt er erneut. Immer wieder sieht er sich genötigt, die entgegenkommenden Passanten nach dem Weg zu fragen. Fast jeder, auf den er trifft, gibt ihm bereitwillig Antwort; jeder glaubt den »richtigen« Weg zu kennen. Alle sind eifrig bemüht, unserem Mann ihre erprobten Irrtümer aufzuschwatzen. Der Mann vertraut den vernünftig scheinenden Lösungen, und so kommt es, daß er sich von Mal zu Mal weiter von seiner Bestimmung entfernt. So läuft er durch die Jahrhunderte. Langsam beginnt er zu ermüden. Er hat nur noch ein schwaches Bewußtsein von seiner Bestimmung und ist schon alt, als er das Labyrinth aus (Selbst-)Täuschungen und Verfehlungen erkennt, aus dem kein Ariadnefaden mehr herausführt. Erschöpft trifft er auf einen Polizisten und fragt in seiner Verzweiflung auch ihn, ob er den Weg nicht wüßte. Es soll seine letzte Frage sein. »Von mir willst du den Weg erfahren?« »Ja«, sagte der Mann, »da ich ihn selbst nicht finden kann.« »Gib's auf, gib's auf«, sagte er und wandte sich mit einem großen Schwunge ab, so wie Leute, die mit ihrem Lachen allein sein wollen.

Von dem Augenblick an, da der Mann erkennen muß, daß er sich mit jeder neuen Frage nach dem Weg zur Erlösung weiter von seiner Bestimmung entfernt hat, kann die Entscheidung nicht mehr aufgeschoben werden.

Das theoretische Werk Batailles kreist um die Frage, ob es einen Ausweg aus der Geschichte gibt, der Geschichte, die nicht mehr als rationale Entwicklung zur menschlichen Vollendung, sondern als Labyrinth begriffen wird. (Rita Bischof)

Jean Baudrillard
Der symbolische Tausch und der Tod

Aus dem Französischen von Heinz Feichtinger
Nachwort von Gerd Bergfleth

Der provokative und zugleich bezaubernde Denker Jean Baudrillard demonstriert in hierzulande ungewohnter Radikalität, daß wir heute dem Tode gegenüber eine Art von Idiotie verbreiten, die sich ebensowohl im Anwachsen der blinden Angst als auch einer ebenso blinden, mechanischen Todesproduktion verrät. Baudrillard verschont keine der zeitgenössischen Ideologien, denn nur so vermag der Mensch seinen Rang zurückzugewinnen. Die Ausweisung der Toten in unsrer Gesellschaft, an der wir alle mehr oder weniger alltäglich teilhaben, wird von Baudrillard in fast allen Bereichen des Lebens bloßgelegt. »Überall spielt sich der Tod gegen den Tod auf. In einem System, das zum Weiterleben auffordert und dazu, das Leben zu kapitalisieren, ist der Todestrieb die einzige Alternative. In einem minutiös geregelten Universum, einem Universum des reduzierten Todes, ist es die einzige Versuchung, alles zu normalisieren durch die Zerstörung.« Baudrillard wendet das Thema auf den Terrorismus und die Selbstverbrennungen an und auf vieles andere. Baudrillard kann Dolche reden, und uns erscheint sein Buch als das Aufregendste, was es zu diesem Thema gibt. Die Verlogenheit zahlloser Intellektueller wie deren Kult der Gewöhnlichkeit bekommen von Baudrillard die Quittung. Baudrillard ermöglicht kein Ausweichen mehr.